基于职业教育视角的中国旅游人才供给与需求研究报告（2020）

JIYU ZHIYE JIAOYU SHIJIAO DE
ZHONGGUO LÜYOU RENCAI GONGJI YU XUQIU YANJIU BAOGAO
(2020)

全国旅游职业教育教学指导委员会
北京第二外国语学院中国旅游人才发展研究院◎主编

北京·旅游教育出版社

图书在版编目（CIP）数据

基于职业教育视角的中国旅游人才供给与需求研究报告. 2020 / 全国旅游职业教育教学指导委员会，北京第二外国语学院中国旅游人才发展研究院主编. -- 北京 ：旅游教育出版社，2021.7

ISBN 978-7-5637-4272-1

Ⅰ. ①基… Ⅱ. ①全… ②北… Ⅲ. ①旅游教育－人才需求－研究报告－中国－2020 Ⅳ. ①F592

中国版本图书馆CIP数据核字(2021)第127779号

基于职业教育视角的中国旅游人才供给与需求研究报告（2020）

全国旅游职业教育教学指导委员会 北京第二外国语学院中国旅游人才发展研究院 主编

责任编辑	何　玲
出版单位	旅游教育出版社
地　　址	北京市朝阳区定福庄南里 1 号
邮　　编	100024
发行电话	（010）65778403　65728372　65767462（传真）
本社网址	www.tepcb.com
E - mail	tepfx@163.com
排版单位	北京旅教文化传播有限公司
印刷单位	唐山玺诚印务有限公司
经销单位	新华书店
开　　本	787 毫米 × 1092 毫米　1/16
印　　张	10.25
字　　数	151 千字
版　　次	2021 年 7 月第 1 版
印　　次	2021 年 7 月第 1 次印刷
定　　价	68.00 元

（图书如有装订差错请与发行部联系）

基于职业教育视角的
中国旅游人才供给与需求研究报告（2020）
编委会

序

随着新一轮科技革命和产业变革深入发展，旅游业跨界融合持续深化，不断推动旅游业转型升级，不断催生旅游新业态、新模式。大数据、云计算、移动互联网、人工智能向旅游产业领域的渗透步伐加快，旅游业智能化、网络化、数字化发展趋势正在加速，旅游价值链、产业链持续拓展、旅游人才需求不断升级。尽管2020年受突如其来新冠疫情影响，旅游业发展受到前所未有的冲击，但人民对美好生活的向往不会变，旅游业高质量发展的总体趋势不会变，旅游人才质量提升的需求更加迫切，高素质技术技能型、创新型、复合型人才将成为旅游业高质量发展、转型升级的重要支撑。

教育部、文化和旅游部、全国旅游职业教育教学指导委员会高度重视旅游职业教育人才供给与需求研究。自2016年起，全国旅游职业教育教学指导委员会委托南京旅游职业学院牵头成立课题组，全面调查、了解中国旅游职业教育人才供给与需求现状，科学预测旅游职业教育人才需求规模和结构，探寻中国旅游职业教育人才培养的科学路径和教育教学改革方向，先后正式出版了《基于职业教育视角的中国旅游人才供给与需求研究报告（2018）》《基于职业教育视角的中国旅游人才供给与需求研究报告（2019）》，为2020年教育部高职高专旅游大类专业目录的修订工作提供了重要的数据支撑。

2020年，文化和旅游部高度重视此项研究，拨专款立项支持该项目深入开展，旨在通过科学的市场调研、分析和预测，为旅游职业教育高质量人才培养和教育教学改革提供有力支撑和依据，加快推动旅游职业教育供给侧改革步伐，深化产教融合，践行“职教二十条”，促进教育链、人才链与产业链、创新链的有机衔接，培养新时代高素质旅游职业教育人才。

在文化和旅游部、全国旅游职业教育教学指导委员会的指导下，在中国旅游人才发展研究院和新时代应用型旅游人才研究中心（江苏高校哲学社会科学重点研究基地）大力支持下，参与本课题项目的研究人员，以高度负责的态度，克服疫情影响，运用爬虫技术和网络信息技术等手段，认真开展调研工作，所在学校给予了大力支持。

该书的出版对于加快发展现代旅游职业教育，促进旅游职业教育教学改革，深化产教融合，加大培养新时代高素质旅游职业教育人才，提升旅游业发展质量和旅游服务水平，更好地发挥旅游业多元化综合作用等具有十分重要的意义。

本书由操阳教授负责统稿，在完成过程中受到教育部、文化和旅游部、全国旅游职业教育教学指导委员会及专家、学者的大力支持和指导，中国旅游人才发展研究院、新时代应用型旅游人才研究中心不仅积极参与该研究项目的研究、论证，并予以出版经费支持，在此一并表示感谢！今后，文化和旅游部、全国旅游职业教育教学指导委员会将持续开展此项研究工作，加大研究的广度和深度，为我国旅游业发展和旅游职业教育教学改革创新贡献更多的智力成果！

本书编委会

2021.3

前言

2020年是极不平凡的一年，既是全面建成小康社会和“十三五”规划收官之年，也是为“十四五”良好开局打下坚实基础的关键之年，同时也是受到突如其来新冠疫情严重冲击的一年。2020年新冠疫情致使全球旅游业受到重创，据联合国世界旅游组织（UNWTO）发布报告显示，新冠疫情导致全球旅游人数大幅减少，2020年全球旅游业收入损失1.3万亿美元，全球入境游客总人次较2019年减少10亿人次，降幅达74%，成为“旅游业历史上最糟糕年份”①。我国旅游业也受到了前所未有冲击和挑战，历经了急速停滞、缓慢重启、快速复苏、动荡恢复等几个阶段，在以习近平同志为核心的党中央坚强领导下，旅游行业走过了一条波澜壮阔的旅游抗疫史，在统筹推进疫情防控和复工复产中取得积极成效。数据显示，2020年全年国内游客28.8亿人次，比上年下降52.1%。国内旅游收入22 286亿元，下降61.1%②。旅游业呈现产业复苏与疫情防控“双推进”、产业智慧化发展加快、国内游定制游成为旅游热点、围绕中心服务大局工作成效显著等特点。随着新一轮科技革命和产业变革，以及文旅融合发展，对旅游人才也提出新的需求和要求。如何有效地解决旅游人才的供需矛盾，培养新时代高质量旅游人才，成为当前亟待研究的重要课题。课题组自2016年起，一直致力于职业教育旅游人才供给与需求研究，目前已经通过旅游教育出版社出版了2018年度和2019年度项目研究报告。

本报告在文化和旅游部科技教育司、全国旅游职业教育教学指导委员会的指导下，在中国旅游人才发展研究院、新时代应用型旅游人才研究中心（江苏高校哲学社会科学重点研究基地）的大力支持下，立足于2020年旅游企业发展实际和职业院校旅游人才培养的实际，与南京奥派信息技术有限公司合作，利用爬虫技术对51job、智联招聘、58同城、最佳东方等主流招聘平台，抓取了2020年旅游企业全年员工招聘信息；

① 王逸君 . 2020年全球旅游业收入损失1.3万亿美元［EB/OL］.［2021-01-31］. http://www.xinhuanet.com/world/2021-01/30/c_1211003140.htm.

② 国家统计局 . 中华人民共和国2020年国民经济和社会发展统计公报［EB/OL］.［2021-02-28］. http: //www.stats. gov. cn/tjsj/zxfb/202102/t20210227-1814154.html.

同时通过问卷调研、网络查询、个别访谈等方式，开展职业院校旅游人才培养和旅游企业人力资源的调研工作。课题组利用灰色GM（1，1）模型、Elman神经网络模型、文本挖掘技术、聚类分析等方法，从需求侧和供给侧两个角度科学分析旅游企业人力资源现状和职业院校旅游人才培养的现状；科学论证和预测了旅游产业发展对职业教育旅游类人才需求的规模和人才规格质量的要求，并在此基础上提出了相应的对策和建议。

本报告由南京旅游职业学院副院长、江苏旅游文化研究院（江苏高校哲学社会科学重点研究建设基地）院长操阳教授进行总体设计、修改、统稿和审定工作。报告共分为两部分，第一部分为主报告，共六章，具体分工如下：第一章中国旅游业发展概况（张骏）；第二章需求侧调研：旅游企业人力资源状况（苏炜）；第三章供给侧调研：职业院校旅游类人才培养状况（金丽娇、马卫）；第四章职业教育旅游类人才需求规模预测与分析（王新宇）；第五章旅游类人才岗位需求预测与质量要求分析（张晓玲）；第六章存在的主要问题与对策建议（操阳、崔英方）；旅游企业招聘大数据采集（许超友，南京奥派信息技术有限公司技术总监）。第二部分为产教融合典型案例，由院校提供，专家遴选，课题组成员李俊楼编辑整理。

本报告在完成过程中受到文化和旅游部、全国旅游职业教育教学指导委员会及专家、学者的大力支持和指导，同时利用了不少相关的网络资源，院校、企业资料，引用了一些学者的研究成果，在此一并表示衷心感谢！

由于受调研样本数量的局限和部分统计数据不全的影响，以及研究人员的能力和水平的不足，报告中不当之处在所难免，恳请批评指正！课题组今后将加大研究的广度和深度，用更加全面、真实的数据绘制旅游人才需求与供给的画像，为我国旅游业发展和旅游职业教育教学改革创新贡献智慧！

操　阳

2021年3月于南京

目 录

第二部分　产教融合典型案例

第一部分

中国旅游人才供给与需求研究

——职业教育视角

第一章　中国旅游业发展概况

2020年是极不平凡的一年，全球旅游业受到新冠疫情的重创，中国旅游业也发生了诸多深刻的变化。在“十三五”的收官之年，我国旅游业面对着巨大的挑战，也取得了显著的成绩。厘清我国旅游业发展的现状、问题及趋势，为旅游职业教育的人才需求与供给提供重要的指引。

一、中国旅游业发展现状

（一）疫情防控和旅游业复苏“双推进”

2020年新冠疫情给全球旅游业带来了沉重打击，我国旅游业发展也受到重大影响，经历了急速停滞、缓慢重启、快速复苏、动荡恢复等几个阶段，根据中国旅游研究院发布的《2020年中国旅游服务业报告》显示，在2011—2019年中国旅游消费持续增长的背景之下，2020年第一和第二季度的旅游人数负增长83.4%，旅游经济运行综合指数创过去50个季度的最低水平；2020上半年旅游业进入寒冬，国内旅游收入0.64万亿元，同比下降77%[①]。

随着国内疫情逐步得到有效控制，文旅部、地方文化和旅游主管部门陆续发布公共文化机构、旅游景区等开放指南，推出预约、错峰、限量等针对性举措，各地政府通过发放消费券等方式有序推进复工复产复业。不同形式的文旅消费券占有相当比重，成为不少地区稳定就业、纾困、拉动需求的一种手段，也为文旅市场按下“重启键”的信号。据商务部公布数据显示，截至2020年5月，全国28个省市、170多个地市累计发放消费券190多亿元[②]。据《中国国内旅游发展报告2020》显示，自7月14日跨省游解禁后，在多重利好因素叠加下，旅游市场加速回暖，第三季度游客出游意愿达80.22%，同比恢复九成左右；旅行社复工比例接近60%，95%以上的企业表示对旅行

① 课题研究组.2020中国旅游业发展报告［R］.武汉：中国旅游研究院武汉分院，2020.

② 商务部：疫情发生以来28个省市、170多个地市发放消费券190多亿元［EB/OL］.［2020-05-08］.https://baijiahao.baidu.com/s?id=1666093472952324073&wfr=spider&for=pc.

社业务的未来保有信心；酒店和景区的复工比例均超出 90%[①]。通过政府、行业的共同努力，我国旅游业做到了疫情防控和旅游业复苏的“双推进”。

（二）旅游产业智慧化发展加快

2020 年在新冠疫情影响和推动下，旅游产业智慧化发展加快，无接触度假、智能导览、数据监测、无人服务、旅游直播（带货）等成为旅游产业谋发展和安全旅游的新形式。从“旅游 + 直播”新业态发展来看，2020 年俨然成为“旅游直播元年”。在数字化技术与供应链的支持下，“旅游直播”打破时空限制，云旅游、跨界直播带货等促使旅游企业创新发展，转型自救。据中国旅游研究院调查研究结果显示，21.7% 的企业在疫情期间尝试了直播带货，43.4% 的企业将微信、抖音、小红书等平台作为主要营销渠道[②]。从服务新模式来看，旅游景区实名制登记、严格控制线下客流量等要求，倒逼景区升级数字化管理；“无接触服务”带火智能无人酒店；国内周边游、公园野餐叫外卖等推动旅游行业转变运营和服务的模式，以重新获取游客的青睐。从旅游新技术来看，“无人服务”“虚拟现实”“智能导览”已经成为各大旅游企业和景区智慧旅游建设的基本要求，以大数据、互联网、物联网、人工智能等为代表的新一轮信息技术不断突破，深刻地改变了人们的生产、生活及思维方式，也深刻地改变了旅游业的发展格局。

（三）国内游、定制游成为旅游热点

2020 年受到新冠疫情的影响，游客的出行范围明显变小，对于旅游的安全性、私密性要求也更高。一方面，受游客出行范围的影响，国内游、省内游、近郊游等成了热点，“短途高频”出游成了疫情防控常态化时期的新风尚。调查数据显示端午节期间，游客平均出游半径 111.5 公里，目的地游憩平均半径 13.5 公里[③]。另一方面，由于安全性、私密性要求的提升，注重品质和小规模出行的高端旅行或精选小团的旅游用户也显著增长。据携程发布的《2020 年国内游新跟团消费报告》显示，携程平台共有私家团供应商约 2000 家，自跨省游开放以来，新增了 50% 供应商；在线提供约 6 万条定制化、私人化产品数量增长 400% 以上，覆盖国内 200 多个旅游目的地[④]。游客在旅

① 伍策，楠雪.《中国国内旅游发展报告 2020》在线发布［EB/OL］.［2020-09-14］. http://travel. china. com. cn/txt/2020-09114/content-76701643. html.

② 中国旅游网研究院.2020年中国旅行服务业发展报告2020［EB/OL］.［2020-12-16］. http://www. cntour. cn / news/14973.

③ 伍策，楠雪.《中国国内旅游发展报告 2020》在线发布［EB/OL］.［2020-09-14］. http://travel. china. com. cn/txt/2020-09114/content-76701643. html.

④ “小而美”的新时代：2020年国内游新跟团消费报告［EB/OL］.［2020-12-19］. https://baijiahao.baidu.com/ s?id=1686429798919601055.

行中的自主性提高，对于旅游有了更多细化、个性、满足自身独特需求的要求。

（四）围绕中心服务大局工作成效显著

2020 年我国旅游业坚决贯彻落实党中央决策部署，主动对接国家重大战略，围绕中心服务大局工作取得显著成效。主要表现在四个方面：一是，旅游业在疫情防控进入常态化之后，各地稳妥推进复工复产复业，逐步恢复国内旅游市场，对做好“六稳”工作、落实“六保”任务做出了积极贡献。二是，紧密围绕决胜全面建成小康社会、决战脱贫攻坚，顺利完成旅游扶贫任务，并探索出了生态观光与依托景区的生态旅游扶贫模式、基于民族风情的特色文化旅游扶贫模式、依托特色农业观光与农家乐的乡村旅游扶贫模式等一系列行之有效的旅游扶贫模式。三是，在文旅融合背景下，通过旅游产品的开发弘扬中华优秀传统文化、革命文化、社会主义先进文化，保护和传承各类遗产，尤其是重视红色旅游的发展，2020 年红色旅游已经逐渐成为人民群众旅游热点，红色基因得到更好赓续传承①。四是，积极服务“一带一路”建设、乡村振兴、粤港澳大湾区等重大战略，文化和旅游部相继出台了《大运河文化和旅游融合发展规划》《长城国家文化公园建设实施方案》等重要文件，各地也主动融入发展大局，积极开展相关工作。如江苏省 2020 年就响应“长三角一体化发展战略”开展了“畅游长三角・美好新感受”主题游活动，开发了 10 条运河主题游、50 条乡村精品线路等。

二、中国旅游业发展面临的问题

（一）疫情影响持续，旅游业发展面临巨大挑战

旅游业作为外向敏感型产业，新冠肺炎疫情是近代以来全球旅游业面临的最大冲击，也是我国改革开放以来旅游业面临的最大挑战。主要有：一是，在旅游资本市场上，长期以来旅游资本市场传统管理所存在的问题，如贪大图快、过度举债扩张、项目协同性不高、业务缺少战略眼光等，在疫情背景下被放大，问题逐一暴露出来，旅游企业面临严峻的资金短缺压力。数据显示，相比其他行业，旅游板块跌幅最大。截至 2020 年 2 月 28 日，休闲服务板块指数跌幅（−12.69%）显著高于同期沪深 300 指数跌幅（−2.4%）②。因此，在旅游资本市场要做好开源节流、控制风险、创造价值等工作。二是，在旅游中游渠道和交易市场上，以旅行社和在线旅游（OTA）为代表的旅游交

① 中华人民共和国文化和旅游部.开好局起好步 推动文化和旅游工作开创新局面：2021 年全国文化和旅游厅局长会议工作报告摘要［EB/OL］.［2021-01-18］. https://www. thepaper. cn/news Detail-forward-10844980.

② 人民文旅智库.疫情对我国旅游上市公司的影响及应对［EB/OL］.［2020-05-22］. https://baijiahao.baidu.com/s?id=1667341398052649582&wfr=spider&for=pc.

易服务商，受新冠疫情影响冲击巨大，不少中小旅行社要面对退团退款，甚至歇业之后的破产风险。数据显示，截至 2020 年 12 月据统计有 5011 家旅行社相关企业注销[①]。据网经社“电数宝”电商大数据库监测数据预测，2020 全年市场交易规模约为 7950 亿元，同比下降26.84%[②]。中游市场企业面临重新洗牌和转型发展的压力挑战。三是，在下游的旅游服务市场上，包括各类景区景点、旅游交通、酒店、文化场馆、演艺项目、各类餐厅等，受疫情影响，关停期间的设备维护费用、人员工资、财务费用、税费等仍持续发生，企业资金压力增大。因此，加强成本控制，拓宽融资渠道，创新融资方式变得非常重要。

（二）供给侧改革有待深化，产业结构调整势在必行

随着全球宏观经济下行、消费需求变化、行业分化严重的空前挑战，旅游业的供给侧改革刻不容缓。从旅游产品与服务供给侧改革方面来看，受新冠疫情影响，游客的消费需求发生了变化，基于安全和健康考虑，市场亟须小型团、自驾团、定制团、高品质团等，但契合市场团型需求的供给相对滞后，旅游产品有效供给不足。此外，随着科技的发展和旅游需求的变化，市场需要更加智慧、人性的旅游产品与服务，旅游新业态、新技术开发亟须加快。从旅游公共服务供给侧改革方面来看，常态化防疫防控期间，旅游者需要更加安全、健康、稳定的旅游环境，需要目的地具备应急事故快速响应与处理能力，这对旅游公共服务提出了新挑战。因此，在制度层面，亟须厘清公共服务体系产权的归属、管理的权限、利益的分配、成本的分摊等一系列问题；在实施层面，需要加快解决公共服务开放化、兼容化、共享化、高效化设置和利用等问题；在技术支持方面，随着科技的发展，旅游者对于“无接触”“智能化”的高科技旅游公共服务系统的需求也需要供给侧层面实现新提升、新发展。

三、中国旅游业发展趋势

（一）实施创新驱动战略，促进旅游业高质量发展

我国旅游业已经进入高质量发展时期，通过创新驱动战略的实施，促进发展的高效化、稳定化、健康化，是未来一段时期旅游业发展的趋势。我国旅游业的创新驱动主要表现在：一是在制度创新层面上，持续推进旅游管理领域的“放管服”改革，激

① 中国旅游资源整合联盟.停摆，破产，倒闭，2021 年旅游业的出路在哪里［EB/OL］.［2021-01-13］. https://www.qq.com/amphtml/20210113A0275800.

② 前瞻产业研究院 . 2021 年中国在线旅游市场需求现状与发展前景预测在线旅游市场受疫情冲击较大［EB/OL］.［2021-02-09］. https://baijiahao.baidu.com/s?id=1691186944547878413&wfr=spider&for=pc.

发旅游市场主体的创新创造活力，尤其在疫情防控常态化背景下，政府作用的发展和市场的资源配置作用要通过制度改革更好地协调统一[①]，帮助和指导旅游企业共克时艰，实现新发展。二是在科技创新层面，信息化发展和数字化变革催生的新的发展动能，不仅改变了旅游产品形态和服务方式，更是推动了旅游业的发展理念创新、业态创新和管理模式创新，促进旅游业质的提升。三是市场创新层面，在疫情影响下，旅游业国内国际两个市场会产生较为深远的变化。国内市场的蓬勃发展将成为常态，消费潜力将进一步得到释放；同时，开发设计更多国际化程度高、中国特色明显、符合境外游客需求的优质旅游产品，为疫情缓解后大力恢复和发展入境旅游做出充分准备，提升中国旅游品牌形象。

（二）数字化、智慧化旅游发展，加快旅游业转型升级

随着科技的日新月异，旅游业转型升级的步伐将进一步加快。从基础设施角度而言，5G 商用发展迅速，人工智能、工业互联网、物联网等新型基础设施建设不断加强，为旅游业的转型奠定了基础，为旅游产业向数字化发展提供技术支撑，加快实现旅游目的地和旅游企业对外连接的数据结构、服务结构与产品接口的迭代升级；同时，交通、气候、水文等相关数据也将通过“智慧旅游”的整合形式更好地服务于旅游管理部门和旅游企业。从旅游服务角度而言，疫情下旅游直播、无接触服务、景区云平台等旅游线上营销、服务的快速发展趋势也将得以延续，并与更多的旅游业态、旅游产品进行深度融合，以“虚拟现实”为代表的旅游线上场景服务也会迅速发展，进一步增强游客的体验感、参与感、融入感。

（三）文旅融合向纵深发展，促进文化自信和国家战略实施

文旅融合发展不仅仅有利于旅游产业进一步提升吸引力，促进产品创新，同时也有利于利用旅游活动广泛传播社会主义核心价值观、中国特色社会主义文化，展示中国特色社会主义建设伟大成就，从而坚定四个自信、做到两个维护、增强四个意识。尤其在 2021 年庆祝中国共产党成立 100 周年之际，红色文化与旅游的融合将促生一批高质量的旅游产品，红色旅游目的地、红色旅游线路、红色旅游景区点的开发与建设，运营与服务都需要大批政治思想坚定、党史文化谙熟、有理想、有信念的高水平旅游工作者。此外，文旅融合发展的深入，还将进一步服务“一带一路”建设、乡村振兴、黄河生态保护和高质量发展、长江经济带建设等国家重大战略的实施，在长城、大运河、长征、黄河国家文化公园的建设和黄河文化旅游带的打造过程中，发挥更加突出

---

① 中华人民共和国文化和旅游部.开好局起好步 推动文化和旅游工作开创新局面：2021年全国文化和旅游厅局长会议工作报告摘要［EB/OL］.［2021-01-18］. https://www. thepaper. cn/news Detail-forward-10844980.

的作用。同时，通过文旅融合，促进旅游开发，也是进一步支援新疆、西藏等西部地区，巩固脱贫攻坚成果的重要决策，一批致力于西部发展和乡村振兴，有情怀、有追求的旅游从业者也必将大有用武之地。

四、中国旅游业发展的人才需求

2020 年旅游业虽受到了疫情的巨大冲击，但人民对美好生活的向往不会变，旅游业高质量发展的总体趋势不会变，人才质量提升上的需求将更加迫切。受疫情影响以及旅游产业转型升级，产业智慧化发展加快，定制化旅游成为热点等，对数字化、创新型、复合型人才的需求日益增强。

（一）数字化人才的需求

科技的发展激发了旅游产业的新活力，“智慧旅游”促进旅游产业发展由人力密集型向数字化科技转型。一方面，数字技术改变了旅游业的商业模式和业态，推动旅游业态创新。如近年来 VR、AR、5G 等数字技术在旅游业被广泛使用，各类传统文化资源和旅游资源借助数字技术得以“活起来”，诞生了诸如虚拟现实景区、虚拟现实娱乐、数字博物馆等全新的文旅业态。另一方面，数字技术深刻改变了游客的行为与体验认知，游客对沉浸式和交互式的体验更加青睐。未来随着数字化在旅游业的加速应用，游客在吃、住、行、游、购、娱等各个环节的行为与体验认识也会进一步变革，需要推动数字化在各个环节的应用，以满足数字时代游客的新体验与新需求。因此，亟须培养一大批数字化人才，才能加快提升支撑数字旅游产业发展的人力资本，提升全行业从业者的数字化素养。

（二）创新型人才的需求

在疫情影响下，旅游业国内大循环为主体、国内国际双循环相互促进的新发展格局已经逐步形成，国内供给侧改革和全域旅游发展等都导致了旅游市场的深刻变化，在“黑天鹅”事件发生频率不断提高的当代社会，需要能够灵活应对环境变化的创新型人才。此外，随着我国进入中国特色社会主义新时代，人民对美好生活有了新的期待，进入了从“有没有”到“好不好”过渡的新阶段，消费需求呈现了多样化、多层次、多方面的特点，传统的大众旅游产品已经不能满足旅游者的多元化需求，产品创新的需要也越发凸显。目前，策划、运维、营销、设计等领域兼具领导力、执行力，具有开创精神的创新型旅游人才较为缺乏，限制了我国旅游业的新发展，同时也不利于我国旅游业增强应对市场风险能力的提升，因此，创新型人才的培养力度亟须加强。

（三）复合型人才的需求

无论是文旅融合发展的趋势，还是科技与旅游业更加密切结合的趋势，以及疫情防控常态化的要求，都需要具有跨界融合能力的复合型人才。复合型人才包括知识复合、能力复合、思维复合等多方面，拥有多元的专业知识和广泛的技术能力，且具有一定的发展潜能。比如，研学旅行需要从业者不仅仅了解旅游资源的特质，旅游产品的特点，还需要具有一定的教育教学能力、心理疏导能力和组织管理能力；而民宿管家不仅仅是客房、餐饮的管理者，同时也应该是参与性体验活动的策划者、主客人际关系的维护者等。此类旅游人才要求其知识丰富，具备跨专业和多技能。

综上，2020 年，中国旅游业发生了深刻变化，面临着诸多的挑战和发展的新机遇，人才资源是第一资源，培养能够承担起新时代新使命的高质量人才是旅游职业教育义不容辞的责任，旅游职业教育改革需要向纵深推进。

第二章　需求侧调研：旅游企业人力资源状况

一、中国旅游企业发展概况

随着文旅融合持续推进，国内旅游业发展形势逐步好转。2019 年，国内各类型旅游企业都较 2018 年有不同程度增长（表 2-1）。然而，2020 年，突如其来的新冠疫情对旅游行业造成了极大的冲击，旅游业内的各家企业都面临着不同程度的经营压力。2020 年 1 月 24 日，文化和旅游部办公厅下发《文化和旅游部办公厅关于全力做好新型冠状病毒感染的肺炎疫情防控工作暂停旅游企业经营活动的紧急通知》，要求即日起全国旅行社及在线旅游企业暂停经营团队旅游及“机票 + 酒店”旅游产品。商务会议、国际国内旅游几乎全部停止。2020 年 5 月，习近平总书记提出，要形成以国内大循环为主体、国内国际双循环相互促进的新发展格局。7 月，国内疫情形势逐步好转，文化和旅游部发布《关于推进旅游企业扩大复工复业有关事项的通知》和《旅行社有序恢复经营疫情防控措施指南》，国内旅游市场也逐步复苏。

在这种严峻的宏观形势下，各类旅游企业纷纷创新经营策略进行“自救”。酒店企业通过餐饮外卖来增加营收，如 2020 年第一季度，金陵饭店集团在其位于南京的七家酒店推出了送餐服务，通过改造餐饮服务和重新部署前线员工，集团在短短 22 天内实现了 840 万元营收[①]。航空公司应对后疫情时期的旅游发展趋势，推出新产品。如东航利用大数据分析发现了“周末游”的旅游新热点，设计并推出了“周末随心飞”通票，客户可以 3322 元的价格享受全年剩余时间内不限次的周末航班，仅仅两个周末，就有超过 15 万人使用了这一通票，并引得竞争对手争相效仿[②]。

企业即便采用多种方式“自救”，还是难以承担疫情带来的沉重打击。根据中旅联

① 埃森哲中国. 2021 中国旅游行业展望［EB/OL］.［2020-12-21］. http://finance.sina.com.cn/tech/2020-12-21/doc-iiznezxs8173525.shtml.

② 埃森哲中国. 2021 中国旅游行业展望［EB/OL］.［2020-12-21］. http://finance.sina.com.cn/tech/2020-12-21/doc-iiznezxs8173525.shtml.

盟梳理的上市旅游企业发布的2020年度业绩预告，80%上市旅游企业亏损高达上亿。景区类的企业除了云南旅游净利润达到1.3亿～1.9亿元，其余均处于亏损状态，其中宋城演艺亏损额位居景区类企业首位，亏损数额高达16亿～19亿元。旅行社及旅游集团类企业中，全球最大的度假村集团复星旅文亏损高达25亿～26.5亿元。中国中免（原中国国旅）净利润一枝独秀，实现了526.18亿元的营业总收入，净利润达到61.17亿元。但2020年6月底，中国中免也明确公司不再经营旅行社业务，公司发展战略调整为聚焦以免税业务为核心的旅游零售业务①。

因此，疫情一方面促使了旅游行业的重新洗牌，很多缺乏竞争力、适应力弱的旅游企业退出市场。根据企查查数据统计，2020年上半年我国旅游相关企业共新注册13万家，同比减少了20.2%；注销、吊销了4.9万家旅游相关企业②。另一方面也推动了旅游企业的转型升级：部分旅游企业不断调整产品结构以更加适应后疫情时期的旅游消费需求，部分旅游企业加快了信息技术在企业中的应用，推出“无接触式”服务，满足疫情防控的需要，并降低劳动力成本。如华住集团推出了“华掌柜”自助一体机，可以实现宾客30秒自助入住，并提供预订、人脸识别、在线选房、支付、自助领卡、发票预约、退房等程序，并预计于2021年实现旗下企业百分百全覆盖③。在这种背景下，旅游企业对旅游人才的数量和素质结构都提出了新的要求。

表2-1　2019年较2018年旅游企业的数量及增长情况

（单位：家）

旅游企业类型	2019年	2018年	增长率
A级景区	12 402	11 924	4%
旅行社	38 943	37 309	4.4%
住宿和餐饮企业	53 711	46 872	14.6%

［数据来源：《中国统计年鉴》（2019、2020）、《文化和旅游部2019年度全国旅行社统计调查报告》］

① 上市旅企2020年业绩出炉，80%巨额亏损高达上亿［EB/OL］.［2021-02-03］. https://www.sohu.com/a/448408926_99910212.

② 李冬阳，成琪.2020年上半年旅游企业“消失”4.9万家［EB/OL］.［2020-08-03］. https://www.sohu.com/a/408951813_759368.

③ 30秒入住、0秒退房……进博会住宿有新体验［EB/OL］.［2020-11-04］. https://baijiahao.baidu.com/s?id=1682419782667390137&wfr=spider&for=pc.

二、调研方案的设计与说明

（一）调研内容

本课题采用定量定性相结合的方法，围绕 2019—2020 年中国旅游企业人力资源的现状及需求情况，对旅游人才的需求侧即中国旅游企业开展调研。调研内容主要包括：旅游企业的基本情况，包括企业规模、性质、所在地区、2019 年营业额等；企业 2019 年以及 2020 年上半年人力资源基本情况，包括企业员工的编制数、学历结构、员工流失率、企业招聘渠道、企业招聘员工时关注的职业素养等；2019—2020 年上半年旅游企业员工培训、考核和薪资情况，包括企业的人工成本、员工的平均月薪、员工的培训内容等；企业的校企合作情况，包括对院校实习生的数量、岗位和素质要求，是否与职业院校存在校企合作关系、是否建有订单班等；旅游企业招聘需求旺盛的岗位、需要招聘的员工数量及素质要求；旅游企业对院校人才培养的建议等。其中，重点掌握疫情后旅游企业对实习生、毕业生数量、素质需求的变化、员工培训的情况一手调查数据，为后疫情时期应对旅游企业需求变化及时调整旅游人才培养策略做好准备。

（二）调研方法

1. 现场访谈

围绕 2019 年以来旅游企业的实习生、毕业生等用工需求变化以及疫情对旅游企业用工需求的影响、旅游企业人力资源管理遇到的挑战等问题，课题组选了 22 家旅游企业的人力资源管理者进行深度访谈调研，为调查问卷的优化、调研样本选择和调研开展奠定基础。

2. 问卷调研

本次调研通过问卷星对各类旅游企业进行问卷发放，具体掌握 2019—2020 年上半年国内旅游企业的人力资源需求、薪酬、培训以及疫情对其人力资源管理带来的挑战等一手数据。

3. 数据挖掘

对 51job、智联招聘、58 同城、最佳东方四个主流招聘平台的员工招聘数据进行挖掘并进行文本分析，掌握旅游企业对旅游人才的规模和规格的需求。

（三）调研样本

本次调研的样本共包括三个方面：

（1）企业问卷调研：通过问卷星平台，在线采集问卷 382 份，其中有效问卷 377 份，有效问卷回收率达 98.7%。

（2）企业现场访谈：对22个旅游企业人力资源负责人进行深入访谈，22个旅游企业覆盖景区、旅行社、星级酒店、民宿四种不同的企业类型，覆盖中东、中、西部地区。

（3）主流招聘平台数据抓取：对51job、智联招聘、58同城、最佳东方四个主流招聘平台2020年1月至12月期间的员工招聘数据进行挖掘，共抓取11.814万条旅游人才招聘数据，其中酒店员工招聘数据为8.92万条，景区员工招聘数据1.091万条，旅行社员工招聘数据1.801万条。

三、被调查企业基本情况

（一）旅游企业的类型及分布

本次调研线上问卷调查主要覆盖酒店、民宿、景区、线上线下旅行社、会展公司等旅游企业。被调研的377家旅游企业中，35.28%的企业为酒店，线上旅行社占比9.55%，线下旅行社占比19.10%，景区占比20.69%，会展公司占比7.16%，民宿占1.86%（表2-2），此外还包括少量的研学公司、房车营地、主题乐园等旅游企业。为进一步掌握疫情对不同类型旅游企业的影响，我们对被调查酒店类型进行了区分。133家酒店企业中，商务型酒店、度假酒店和政务及会议酒店分别占被调查酒店企业的76.7%、14.3%、9%。按旅游企业的档次划分，五星级酒店、旅行社和5A级景区占被调查企业的28.91%，四星级酒店、旅行社和4A级景区占22.02%。由于很多新兴酒店、新业态旅游企业没有参与星级评定，因此被调查企业中无等级旅游企业占45.36%。从旅游企业类型来看，32.6%的被调查旅游企业为国有企业，其他为民营企业。

表2-2　被调研企业基本情况

企业基本情况	分类	数量（家）	比例
企业类型	酒店	133	35.28%
	民宿	7	1.86%
	线上旅行社	36	9.55%
	线下旅行社	72	19.10%
	景区	78	20.69%
	会展公司	27	7.16%
	其他	24	6.36%

续表

企业基本情况	分类	数量（家）	比例
企业等级	二星或 2A 以下	0	0.00%
	三星或 3A	14	3.71%
	四星或 4A	83	22.02%
	五星或 5A	109	28.91%
	无等级	171	45.36%
企业注册资金	500 万元以下	89	23.61%
	500 万 ~ 1000 万元	75	19.89%
	1000 万 ~ 5000 万元	85	22.55%
	5000 万元以上	128	33.95%

从被调研企业分布来看，样本覆盖了全国华南、华北、华中、华东、西南、西北、东北等各个地区（图 2–1），其中 41.64% 的企业位于华东区域，19.63% 的企业位于华南地区，10.08% 的企业位于华北地区。西北和东北企业较少，分别占 6.1% 和 5.84%。

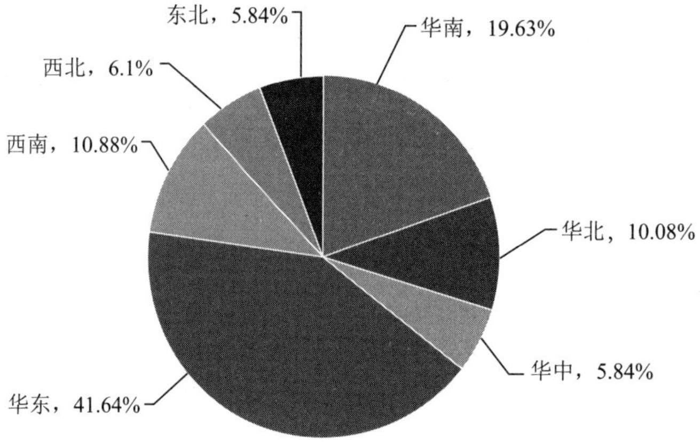

图 2–1　被调查旅游企业地区分布

（二）旅游企业的经营情况

本次调查样本中，大多都是开业 5 年以上的成熟企业（图 2–2）。其中，开业 20 年以上的企业占 12.47%，开业 10 年至 20 年的企业占 23.61%，5 年至 10 年的企业占 35.28%，开业 3 年以下的企业仅占 12.47%。

从企业经营情况来看，一半以上的被调查旅游企业 2019 年度营业额超过了 5000 万元。年度营业额超过 1 亿元的旅游企业约有 108 家，占被调查企业的 28.6%，且其中以大型旅游景区、旅游度假集团为主。由于受疫情影响，被调查企业 2020 年上半年的营业额较 2019 年同期均大幅度降低，且 68.4% 的企业利润处于亏损状态。

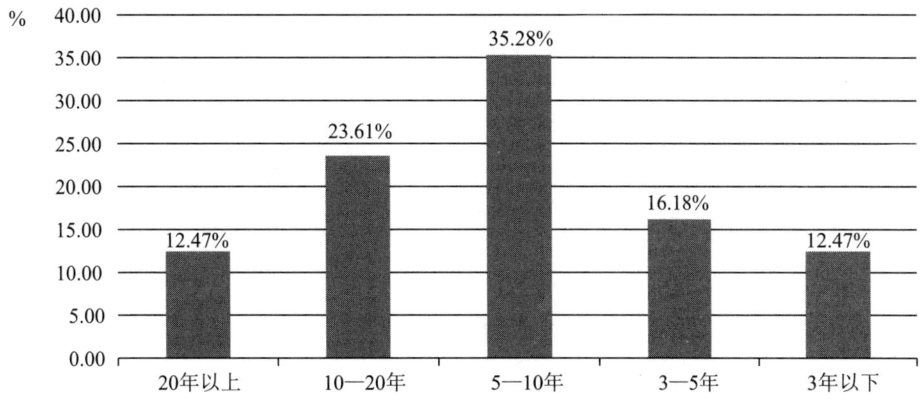

图 2-2　被调查企业开业时长

（三）旅游企业的员工配置情况

在企业员工编制方面，2019 年大多数旅游企业的员工配置符合企业的编制预算。被调研企业中，27.85% 的旅游企业员工编制数量超过 500 人，且基本都为大型景区、酒店、旅游度假区。41.91% 的旅游企业员工编制数在 100 ~ 500 人。由于本年度调研多覆盖了一些民宿、研学公司等新业态的小型旅游企业，因此 8.49% 被调研企业的员工编制在 30 人以下，较去年有所增加。此外，有 57% 的被调查企业表示，在 2020 年疫情之后会考虑减少企业编制；19.9% 的企业表示暂时不会改变企业编制预算；4.2% 的企业明确表示会增加员工编制，且主要是一些新兴旅游度假区、研学旅游企业；其他企业则选择观望行业发展态势。

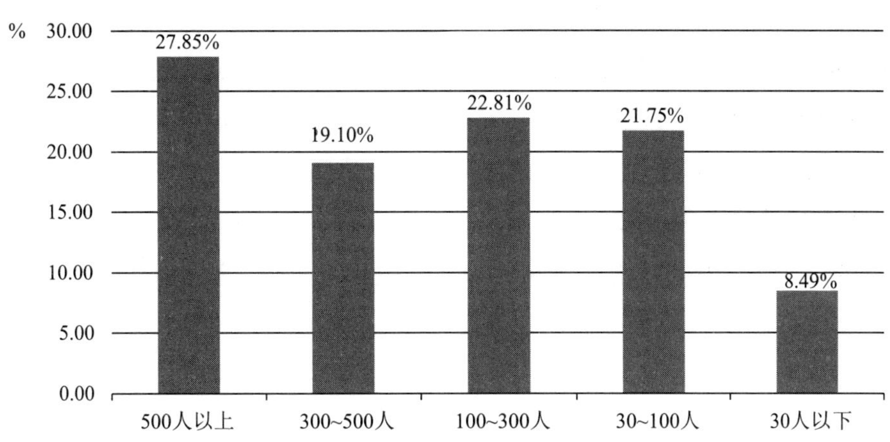

图 2-3　被调查企业的员工编制情况

四、旅游企业人力资源的基本情况

（一）旅游企业人力资源现状

1. 高职高专学历员工是旅游企业员工的主力

从旅游企业员工学历结构（图 2-4）看，49.87% 的被调研企业中高职高专学历（含在读）的员工最多。民宿、研学旅游公司等新业态旅游企业对学历的要求比较高，普遍都在大专学历以上。16.98% 的被调查企业中的中专及以下学历员工最多，其中国有性质企业以及西部地区企业较多。这一方面是由于课题组选取的调研企业多为区域内大中型企业，对员工学历有一定要求；另一方面是得益于我国近年来持续推进高职扩招，推动我国的高等教育迈入普及化阶段，旅游企业也不断地鼓励在职员工接受再教育，企业员工的学历水平不断提升。

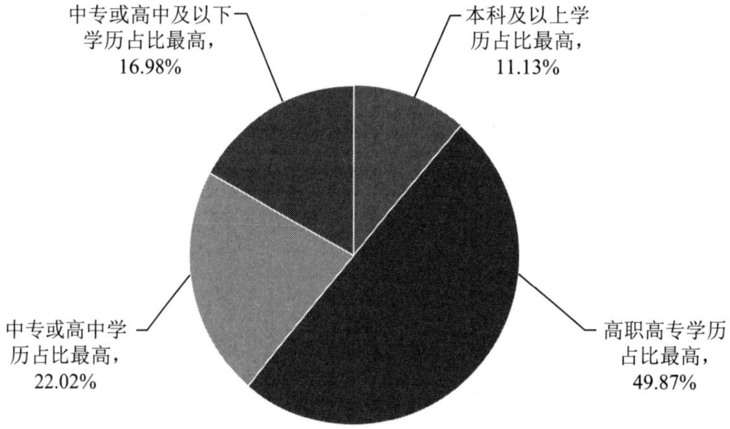

图 2-4　被调查的旅游企业中占比最高的员工学历情况

2. 旅游企业组织架构呈现金字塔结构

从旅游企业的组织架构来看，本年度调研结果与往年类似，基层员工在大多数旅游企业中比重最大，主要是因为目前的旅游业还属于劳动密集型企业，尤其是酒店、景区、旅游度假企业。38.46% 的被调查企业的基层员工占 70% 以上，28.65% 被调查企业的基层员工占 60% ~ 70%，符合一般企业的金字塔形组织架构（图 2-5），8.49% 被调查企业基层员工占比在 50% 以下，主要是民宿、文化传播公司等中小旅游企业。

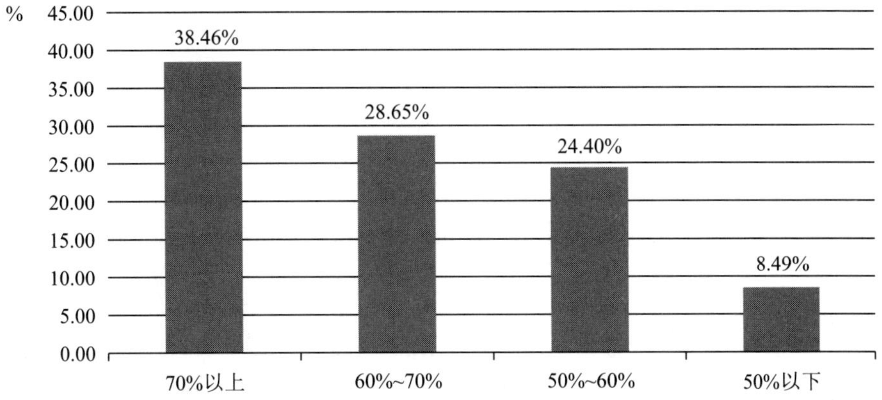

图 2-5　被调查企业的基层员工占比

（二）旅游企业员工需求情况

1. 大专学历仍是当前旅游企业的主流需求

根据课题组采用爬虫技术对 51job、智联招聘、58 同城、最佳东方等主流招聘平台 2020 年 1 月—12 月期间抓取的数据分析（图 2-6），大专学历仍是各旅游企业招聘的主流需求，占所有招聘岗位的 55.55%。只有 22.9% 的岗位要求本科及以上，其中要求研究生以上的仅占 0.09%，且主要为研学策划等岗位。因此，高职院校仍然是当前旅游人才的主要培养阵地。

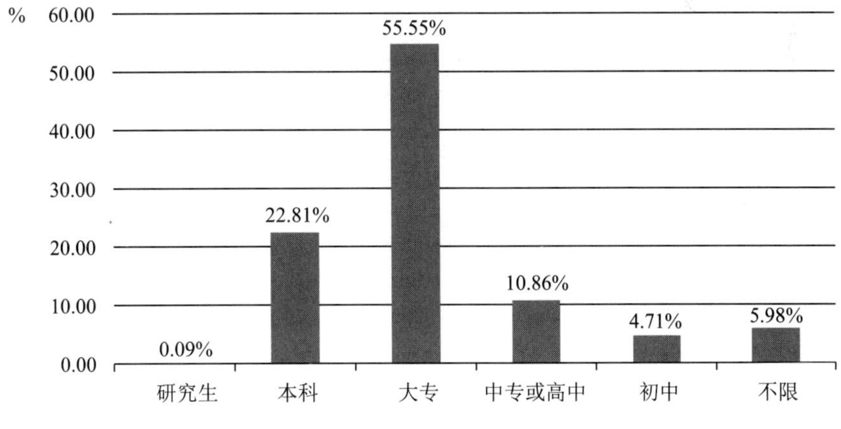

图 2-6　被调查旅游企业招聘员工需求

从全国不同省市对旅游人才学历的需求情况来看，仅有天津、辽宁、江苏、湖北等个别省市的旅游企业有硕士的需求，北京对本科生的需求量最高，超过 40%。江苏、浙江、辽宁、陕西、青海、湖北等省份的旅游人才需求中高职学历占比最高，均超过了全国平均水平。但是值得注意的是，上海对各学历层次都很需要，主要源自上海市经济发达，企业用工量大，加之 2020 年受疫情影响，如送餐员、洗碗工等低技术含量的基层岗位需求也较多，如 2020 年上海在四大招聘平台的招聘岗位中，送餐员有 3482 个招聘需求，洗碗工、打杂需求等达到近千人。

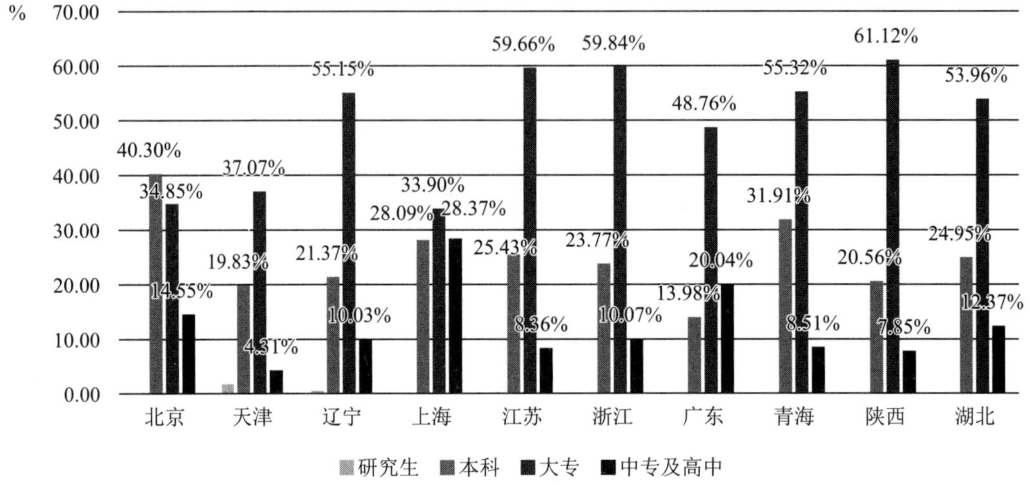

图 2-7　全国主要省市旅游人才需求学历结构

2. 旅游企业增加对复合型人才的需求

在对旅游人才的专业需求方面，旅游管理专业、酒店管理专业仍然是大多数企业的首选，需求企业分别占被调查企业的 67.9%、63.4%。36.07%、24% 的企业提出了对旅游外语、导游专业人才的需求（图 2-8）。此外，在访谈过程中，多位企业负责人提出，由于 2020 年疫情影响，很多旅游企业选择了线上直播的营销方式，他们一部分认为院校要培养一些能够从事电商直播的专业人才，另一部分人提出对复合型人才的需

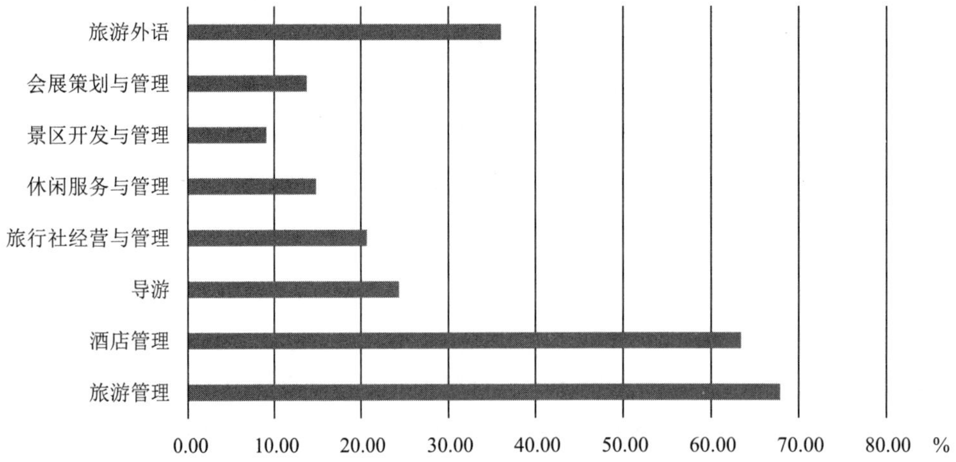

图 2-8　旅游企业对专业的需求情况

求，即希望学生在符合原岗位技能要求的基础上，能够兼备一些其他技能，进而符合企业进行岗位整合的需求。如华住酒店集团提出，基于企业信息化平台建设的基础上，华住旗下酒店的前台岗位将转化为前台工作人员、咖啡师或茶艺师的多重角色。书香集团旗下酒店的前台工作人员也将在晚间 7 点以后同时承担店内线上直播销售的任务。

（三）旅游企业员工流失情况

1. 旅游企业员工稳定性有所提升

在旅游企业的员工流失率方面，根据本次被调查旅游企业的数据，2019—2020 年上半年员工流失率低于上一年度（图 2-9）。其中，员工流失率高于 30% 的旅游企业有 25 家，占抽样企业的 6.63%，且部分为民宿等员工基数较小的企业。流失率在 5% 以下的企业占 3.18%，主要为一些国有企业。21.22% 的被调查企业员工流失率在 20% ~ 30%，且以酒店企业居多。根据受访企业负责人分析，由于疫情影响，社会整体就业压力增大，员工更加珍惜原工作岗位，因此流失率较之前有所降低。

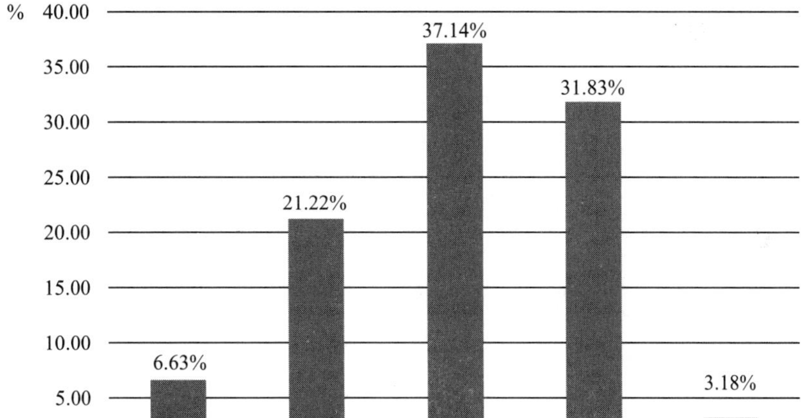

图 2-9　被调查企业的员工流失率

2. 酒店是员工流失率最高的旅游企业

从员工流失的企业类型分布来看，酒店企业员工流失率最高。在流失率高于 20% 的被调查企业中，80% 以上是酒店。调研结果显示，酒店行业的员工流失率已经成为行业老生常谈的问题，一方面是因为酒店企业的薪资水平普遍偏低，基层员工的工资扣除五险一金以后基本都在最低工资标准线上徘徊，而酒店企业的高成本和低房价使得企业利润率低，难以再提高员工工资水平，从而形成恶性循环；另一方面，酒店基层员工普遍反映工作时长很长，工作强度大，尤其是很多基层岗位技能含量低，可替代性强，且很多酒店缺乏有效的培训机制，员工工作缺乏成就感和获得感。景区的员工流失率也较高，60% 的景区员工流失率在 10% ~ 20%，员工离职的主要原因是工作环境不佳。

3. 东部地区旅游企业员工流失率高于中西部地区

从员工流失的区域分布来看，东部地区的企业员工流失率高于中西部地区。在员工流失率高于 20% 的企业中，东部地区企业占 75% 以上。中西部地区的旅游企业员工流失率大多在 5% 到 20% 的范围之内。调研结果显示，这种现象一方面是因为东部旅游企业数量多，尤其是近几年新开业的旅游企业更多，会加快企业之间的员工流动；另一方面，员工的收入与东部地区的房价等生活成本相比太少，部分员工会选择返乡或去其他行业寻找发展机会。针对这样的员工流动，很多企业通过培训、为员工制定职业生涯发展计划（44.3%）、提高薪酬水平（37.1%）、延续工龄和年终奖（31.8%）等方法留人，或者留住员工在集团内发展，以提高员工的稳定性。

（四）旅游企业员工招聘与配置

1. 旅游企业招聘渠道以线上招聘为主

在旅游企业员工招聘方面，往年网络招聘和校园招聘是旅游企业最常用的招聘渠道。2020 年因为疫情防控，很多线下招聘活动全部取消，旅游企业网络招聘的比例进一步提高（94.16%）。此外，政府为促进就业，由各级人社部门组织了多场专门的线上招聘会来搭建院校和企业的人才供需桥梁，80.37% 的企业会选择借助该平台发布招聘信息。52.25% 的企业仍会通过人才市场招聘，针对一些高端岗位，企业也会采用猎聘（38.46%）的方式来弥补员工空缺（图 2-10）。

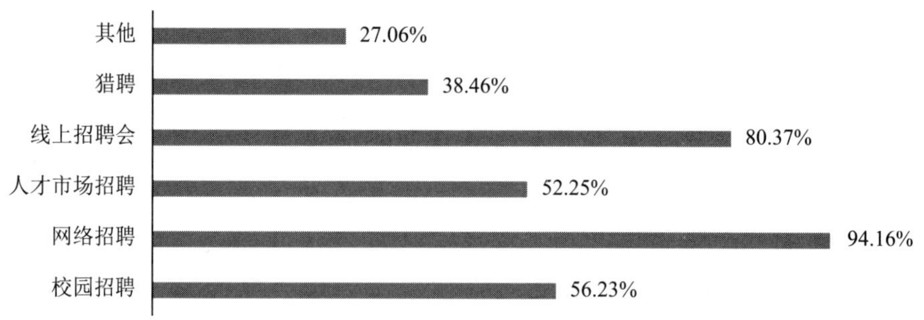

图 2-10　企业员工招聘渠道

2. 旅游企业主要招聘岗位结构发生变化

通过采用爬虫技术对 51job、智联招聘、58 同城、最佳东方等主流招聘平台 2020 年 1 月—12 月期间的数据进行抓取，课题组发现，旅游企业通过网络平台的招聘岗位达到 9.181 万个，其中酒店、景区、旅行社招聘岗位较多，达 4.422 万个（见表 2–3）。旅行社招聘需求旺盛的岗位包括“签证”、“旅游顾问”、“导游”（835 条）、“订票员”、“票务”等；景区招聘需求旺盛的岗位包括“咨询服务”“旅游产品销售”等；酒店企业由于数量较多，用人需求也较多，“餐饮服务员”“礼宾”“传菜员”“洗碗工”等 20 多个岗位的需求数量超过 2000 个，且全部为基层工作岗位。但总体而言，旅游企业各岗位的招聘需求数量低于 2019 年。在访谈过程中，受访的旅游企业也纷纷提到对“网络直播”岗位的需求。

表 2–3 不同类型旅游企业的岗位需求数量

旅行社		景区		酒店	
岗位	需求数量（个）	岗位	需求数量（个）	岗位	需求数量（个）
签证	8696	旅游产品销售	842	餐饮服务员	8364
旅游顾问	1984	票务	464	礼宾	5867
导游	835	乐园运营	46	中餐厨师	2858
计调	407			酒吧服务员	2638
				预订员	2559
				前台 / 接待	2244
				传菜员	2237
				咖啡师	2133
				茶艺师	2046

3. 旅游企业对员工的信息素养提出新要求

在旅游企业对员工的职业素养需求方面，课题组分别采用了企业打分法来进行调研。基于往年的调研结果，课题组在去年问卷基础上去掉了专业对口、毕业院校、社会关系等企业普遍认为不重要的指标，结合行业发展趋势，特别是科技创新颠覆了旅游传统发展格局，如旅游订票、酒店登记入住等旅游消费需求都可以通过电子科技产品来实现，因此课题组增加了信息素养指标。根据旅游企业对各项指标的赋分值（赋分标准为：5 分表示非常重要，4 分表示较重要，3 分表示一般重要，2 分表示不重要，1 分表示很不重要），在企业招聘应届毕业生时，服务意识、吃苦耐劳、业务能力等是企业招聘员工时最重视的三个因素，技能证书、外在形象、工作经验则是企业认为相对最不重要的三个因素（图 2–11）。因此和往年调查的结论相似，旅游企业普遍较为注重对员工的软技能的要求。此外，旅游企业认为办公软件使用、线上平台使用等信息素养也比较重要（4.02 分）。

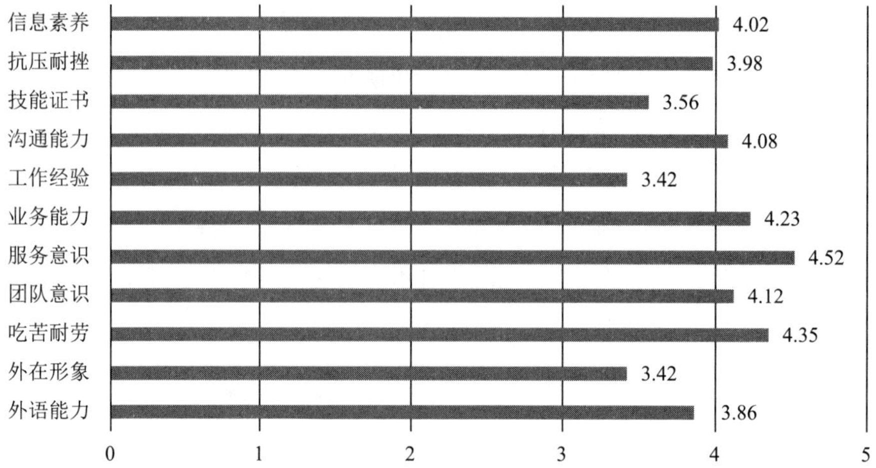

图 2-11　企业招聘应届毕业生最看重的因素

企业对基层管理人员的素质要求方面，职业道德（4.56）、忠诚度（4.38）、服务意识（4.23）仍是最重要的三个因素，学历层次（3.28）、国际化水平（3.20）、外语能力（3.02）等方面的要求相对较低。专业知识（4.15）、管理水平（4.08）和创新能力（4.01）等指标的得分值超过了平均值（3.98）。同时，在信息素养指标方面，旅游企业对基层管理人员的要求（3.95）比基层工作人员高。因此，院校在人才培养过程中，应该加强对学生的职业道德培养，同时要注重其专业知识、管理能力、创新能力的提升，以提高学生的可持续发展能力。

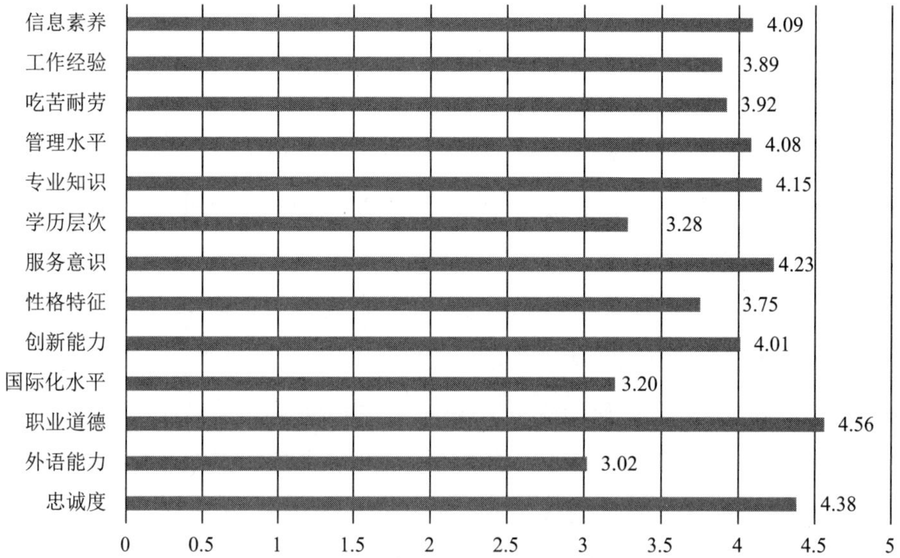

图 2-12　企业招聘基层管理人员最看重的因素

（五）旅游企业员工培训、考核与薪资情况

1. 旅游企业员工培训效果有待提升

员工培训是旅游企业提高员工工作效率的重要手段。2020 年上半年由于疫情原因，很多企业不能正常复工，很多企业正好以此为契机，加强对员工的培训。根据调研，2020 年，75% 的旅游企业的员工培训成本占企业总成本的 5% 以上，29% 的旅游企业员工培训成本占比达 10% 以上，均高于 2019 年水平。

培训内容方面，传统的技能培训、消防安全培训、企业文化、企业规章制度、职业礼仪仍然是各旅游企业的培训重点（图 2-13）。此外，很多旅游企业针对疫情加强了疫情防范方面的培训，部分旅游企业针对近年频繁出现的社会舆论问题加强了公关危机处理方面的培训。

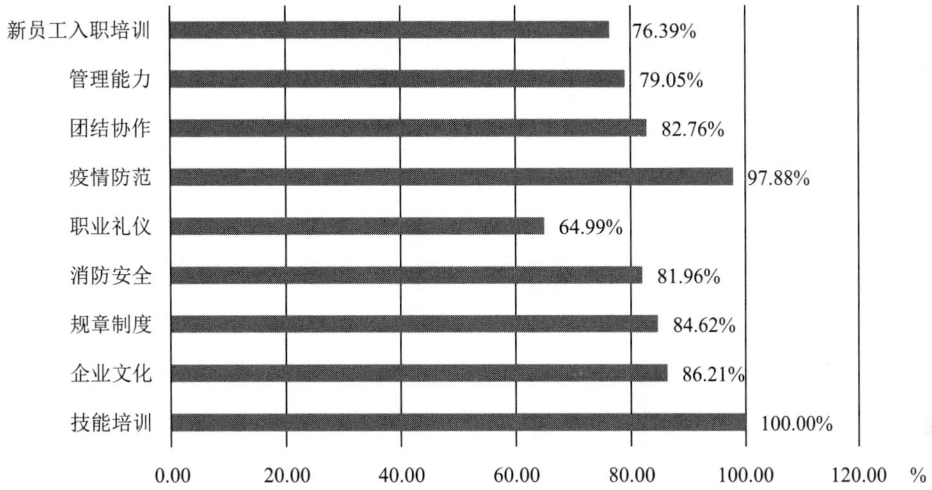

图 2-13　旅游企业员工培训内容

培训方式方面，97.6% 的企业会选择内部培训，基于疫情防控以及企业的预算管理，2020 年度仅有 39% 的企业会邀请外聘老师进行培训，低于 2019 年的水平。随着信息化学习方式的普及，越来越多的企业（91.5%）会借助社会网络学习平台或自建网上学习平台为员工提供在线培训。

在培训效果评估方面，虽然大多数受访企业（95.7%）都表示进行过培训评估，但从员工的反馈来看，企业的培训在很大程度尚未达到员工的预期。“YEAH LAB”公众微信号采访了 2000 余名酒店青年工作者，年轻受访者们普遍在入职时遭遇的是“既没有文本表述也没有课程的入职培训，工作指导全靠师傅的个人心情”。不达标的培训导致了员工的高流动率，而企业因为员工的频繁流动而不愿意加大对培训的投入，从而

形成了恶性循环。

2. 旅游企业员工工资水平普遍偏低

根据《中国统计年鉴 2020》数据显示：2019 年，不管是按城镇私营单位还是城镇非私营单位口径统计，住宿和餐饮业就业人员平均工资均在 19 个行业中排名倒数第二，仅高于农、林、牧、渔业水平，是全国各行业平均工资的 55.6%，是信息传输、软件和信息技术行业的 31.2%。

课题组抓取了北京、上海、广州、深圳、杭州等 7 个主要城市的旅游企业在四大主流招聘平台提供的工资数据，大多数岗位的平均工资水平在 4000 元至 6000 元之间，其中，北京、上海、深圳三个城市工资 6000 ~ 8000 元的旅游企业岗位比例高于 4000 ~ 6000 元比例，上海提供 10 000 ~ 14 000 元工资的旅游企业岗位比例最高（图 2–14）。

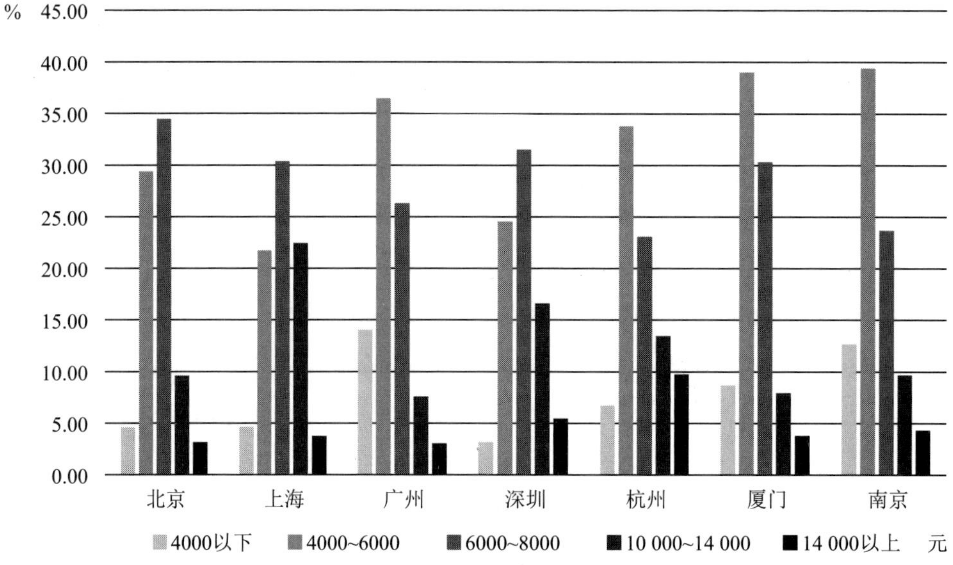

图 2–14　国内 7 个城市旅游企业员工工资水平

具体到旅游企业一线员工的工资水平，受访企业中 9.5% 的企业一线员工工资在 3000 元以下，主要是中西部企业；69.8% 企业的一线员工工资在 3000 ~ 5000 元，仅有 20.7% 企业能为一线员工提供 5000 元以上的工资，其中主要是东部地区的旅游企业。在访谈过程中，很多旅游企业也表示，企业内部不同岗位之间的工资差别也比较大，如民宿管家、旅行策划师、调酒师等技术含量较高的岗位工资往往相对较高。很多企业也不断推进工资制度改革，通过“全员营销”等方式激励员工多劳多得，提高员工工作积极性，实现员工与企业的共赢。

3. 疫情对旅游企业员工工资有较大影响

由于疫情期间很多旅游企业处于停工状态，几乎所有企业的员工工资都受到了影响，其中 88.9% 的受访旅游企业在 2020 年 2 月—3 月期间只发放基本工资。2020 年 4 月以后随着复工复产不断推进，且国内游、周边游开始盛行，酒店、景区等企业的员工工作和工资逐步恢复。而旅行社、会展等企业员工的收入仍难以恢复到疫情前水平。疫情后的员工和企业之间的劳动关系处理成为热门话题。

（三）旅游企业校企合作及对职业院校学生的需求情况

1. 旅游企业愈加重视校企合作

旅游企业越来越意识到，企业的竞争最终是人才的竞争，所以各个旅游企业都将院校作为自身发展重要的人才培养基地。受访企业中，94.4% 旅游企业和院校建立了稳定的合作关系，其中 18.8% 的企业合作院校超过 10 家。在合作方式方面，97.61% 的企业和院校建立了实习合作关系，41.38% 的企业参与了院校的人才培养方案制定，20.69% 的企业在院校建立了订单班，订单班开设比例低于 2019 年调查数据。在国家大力推进校企合作开发双元教材的政策鼓励下，越来越多的企业参与了院校的教学资源开发，2020 年，24.4% 的企业与院校共同开发教材，远高于 2019 年的调查数据（7.35%）（图 2-15）。

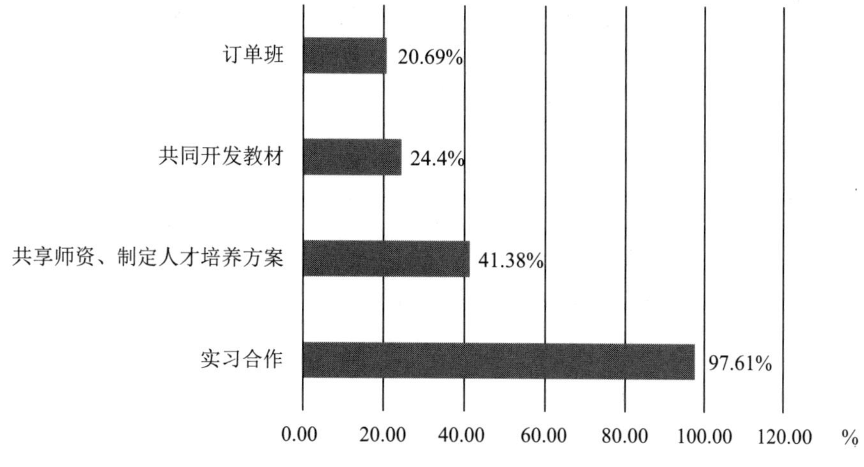

图 2-15　旅游企业和院校合作的方式

从校企合作的成效来看（见图 2-16），超过 50% 的企业对合作成果表示满意，但是还有一半的企业认为校企合作的成果没有达到预期目标，如订单班学生的转化率较低，在校企合作方面的投入产出不够均衡等。但是，针对国家关于推进产教融合型企业建设等政策，大多数受访企业都表示愿意积极尝试，并希望探索更加有效的校企合作方式。

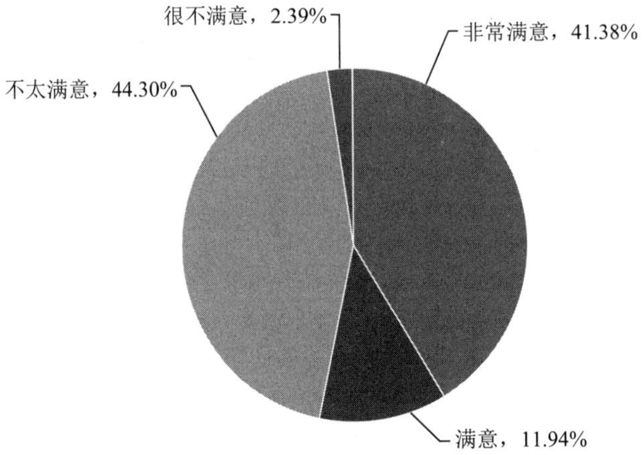

图 2-16　旅游企业对校企合作效果的满意度

2. 疫情后期企业对实习生的需求量有所降低

2020 年上半年受到疫情影响，旅游企业对实习生的需求也有所降低。在被调查企业中，只有 9.02% 的企业希望增加实习生，其中主要是研学策划公司等新兴企业；44.30% 的企业表示暂时不变动实习生的招聘计划，一方面是对下半年市场的预期，另一方面也不希望因为疫情影响和学校建立起的良好的实习合作关系；46.68% 的企业明确表示要减少实习生，优先安排在岗员工复工复产，以降低运营成本。

而从访谈企业的情况来看，由于后疫情时期各不同类型、不同地区的旅游企业复工复产的情况不一样，对实习生的需求也不一样。如会展行业，因为疫情原因，国内不能举办大型聚集性活动，会展公司的实习生需求普遍较低。酒店行业中，北京、上海、广州等一线城市的部分奢华酒店由于其本来的一般客源是国际商旅客人，疫情后实习生需求也较低；苏州、南京、杭州等部分商务酒店在 5 月以后逐步恢复营运，部分酒店下半年的经营业绩甚至超过了 2019 年同期水平，因此对实习生的需求影响不大。而国内的部分度假酒店、景区由于周边游和国内游的兴起，经营业绩逐步恢复，而且管理者对未来的市场行情还有着较为乐观的预期，对实习生的需求甚至有所提升。

五、调研结论

虽然 2020 年我国旅游业由于疫情影响受到了沉重的打击，但是随着国内经济迎来国内国际双循环的新发展格局，我国旅游业也将积极应对后疫情时期的市场结构调整，进行全方位的升级和转型，这对我国新时代的旅游人才培养也提出了全新的要求。课题组通过对旅游行业及企业等旅游人才培养需求侧的调研，发现我国旅游企业人才需求主要呈现以下特征：

第一，旅游业转型发展对旅游人才培养结构提出了新的需求。虽然2020年初，旅游、餐饮、酒店等线下生活消费行业受疫情影响最为严重，旅游业人才需求缩水近八成[①]，但是从2020年下半年开始，旅游业又以新的姿态迎来崭新发展机遇：线上直播为旅游企业拓展了新的营收渠道；国内游的兴起带动了国内度假产品的新一轮发展热潮；消费者对旅游品质的要求进一步提升，旅游产品不断转型，文旅融合特征更为显著；无接触服务和人力资源成本压力迫使企业重新进行人力资源规划等，这些发展特点提升了对旅游人才的信息技术应用能力、复合型专业能力、创新能力等方面的要求。

第二，校企双方需要进一步深化合作，提升产教融合成效。尽管目前旅游企业都与院校建立了合作关系，但企业对合作成效的满意度不高。随着我国《国家职业教育改革实施方案》和《职业教育提质培优行动计划（2020—2023年）》正式颁布，校企合作有了更加明确的行动方向和行动纲领。旅游企业也应从“被动参与合作”向“主动向产教融合企业转型”，通过“1+X”证书等制度向院校输出企业标准，积极参与我国旅游人才培养。

第三，旅游企业不但要吸引人才，更要留住人才。根据本课题组的调研结果，旅游企业员工流失率一直偏高，2020年30%左右的被调查旅游企业员工流失率超过20%。薪酬低、工作环境差、培训不够完善等是导致员工离职的主要原因。人员的频繁流动，促使企业更不愿意加大对员工的投入，从而形成旅游企业人力资源管理的恶性循环。因此，旅游企业更应从以上根本性问题出发，解决旅游企业员工的实际问题，切实地留住人才，发展人才，形成良性循环的人力资源发展体系，才能有效解决企业人才缺口问题，提升企业服务品质，推进我国旅游业高质量发展。

① BOSS直聘. 春节后人才端的求职积极性受疫情的影响小于需求端［EB/OL］.［2020-02-13］. https://tech.sina.com.cn/roll/2020-02-13/doc-iimxxstf1036448.shtml.

第三章　供给侧调研：职业院校旅游类人才培养状况

一、中国旅游职业教育发展概况

（一）招生情况

2020 年，随着数字化产业革命的不断推进和文旅融合的深入发展，结合教育部、人社部等部门先后发布了一系列职教改革的利好政策，我国职业院校旅游人才培养规模基本稳定。课题组采集 26 个省市的 2020 年高考招生数据，通过整理分析发现，2020 年接受 26 个省市生源的全国旅游类院校数量合计为 953 所，如图 3-1 所示。院校在各省市招收旅游类高职专业的招生数量为 90 596 人，生源输出排名前三位的省份依次为河南、山东、广西，其中河南省的高职旅游类生源达 10 751 人，各省具体情况如图 3-2 所示。

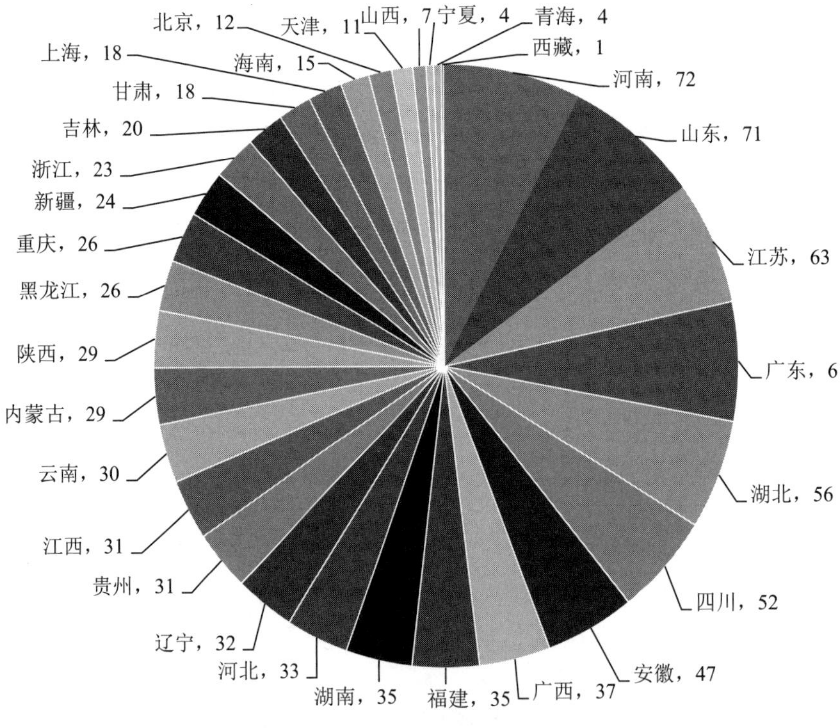

图 3-1　各省市招收高职旅游类专业的院校数量分布情况

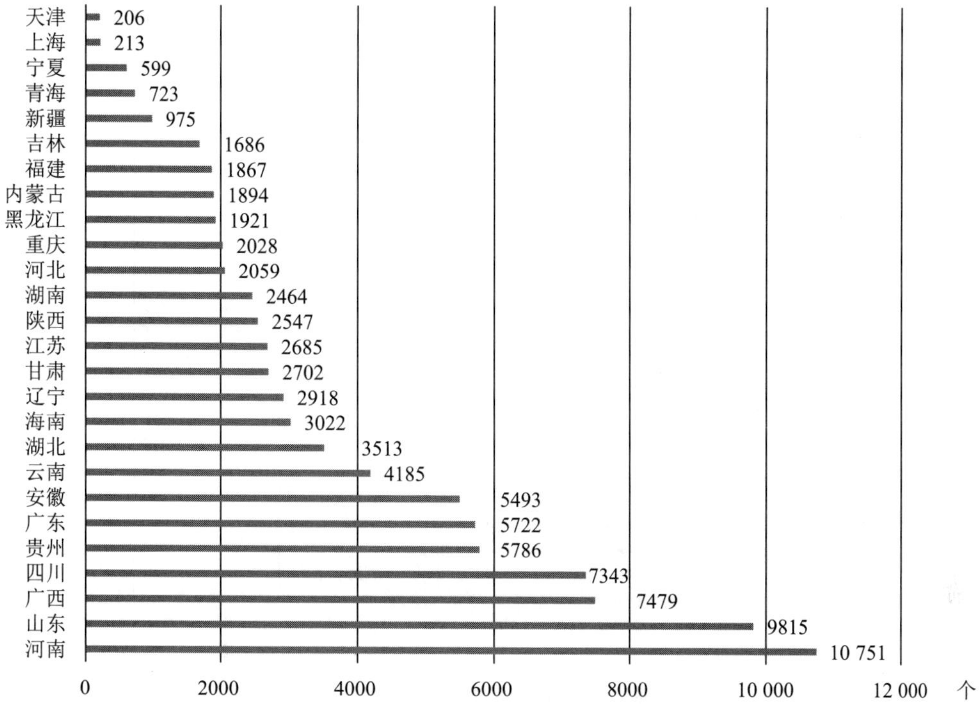

图 3-2　高职院校在各省市招收旅游类专业的招生数量

26 个省市招生数据显示，2020 年高职旅游类专业招生排名前三位的是旅游管理、酒店管理和烹调工艺与营销专业。相比于 2019 年，名次排名前两位依然不变，会展策划与管理专业从前三位降至第四位，烹调工艺与营销专业招生规模持续增加，跃居前三。目前，高职旅游类专业共计 14 个，各专业在全国 26 个省市具体招生规模情况如图 3-3 所示。旅游管理和酒店管理专业在各省市的招生分布如图 3-4、图 3-5 所示。总体来看，2020 年我国旅游类职业院校数量及招生规模相对稳定。

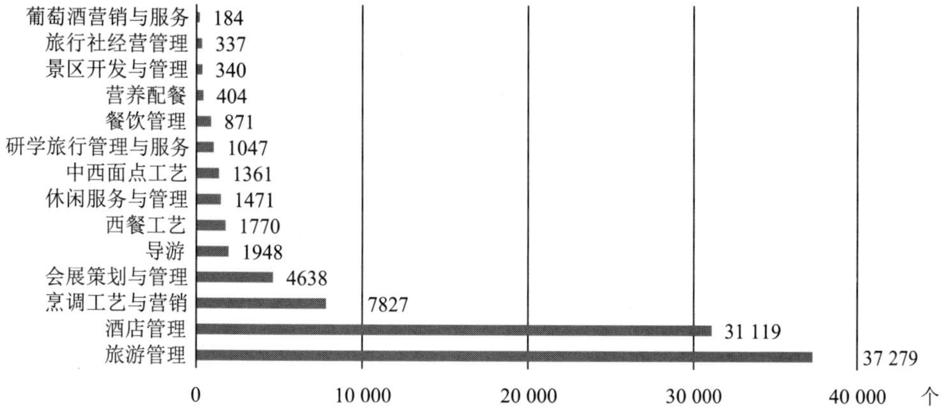

图 3-3　高职旅游类专业招生情况一览

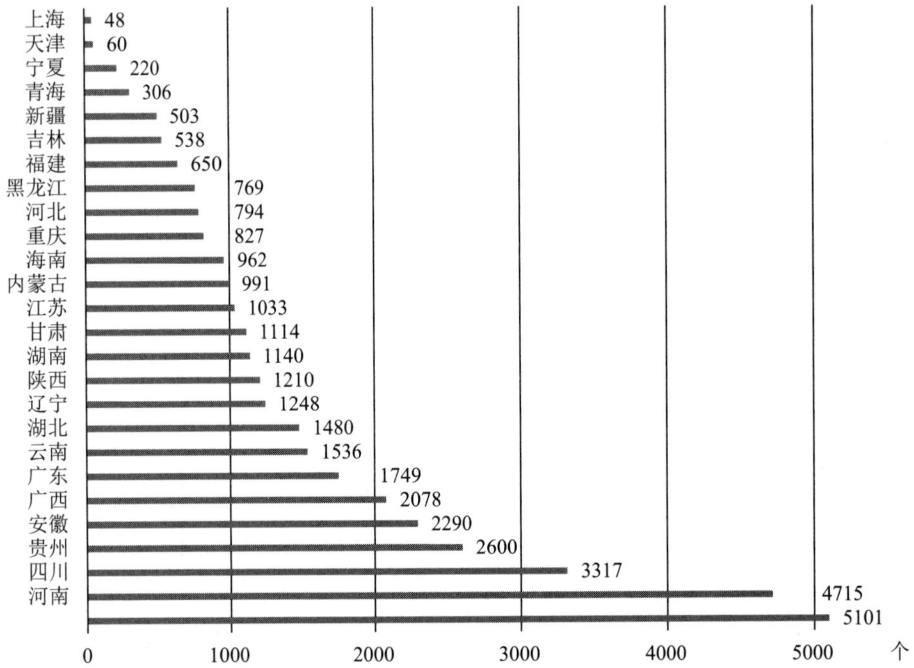

图 3-4　旅游管理专业招生情况

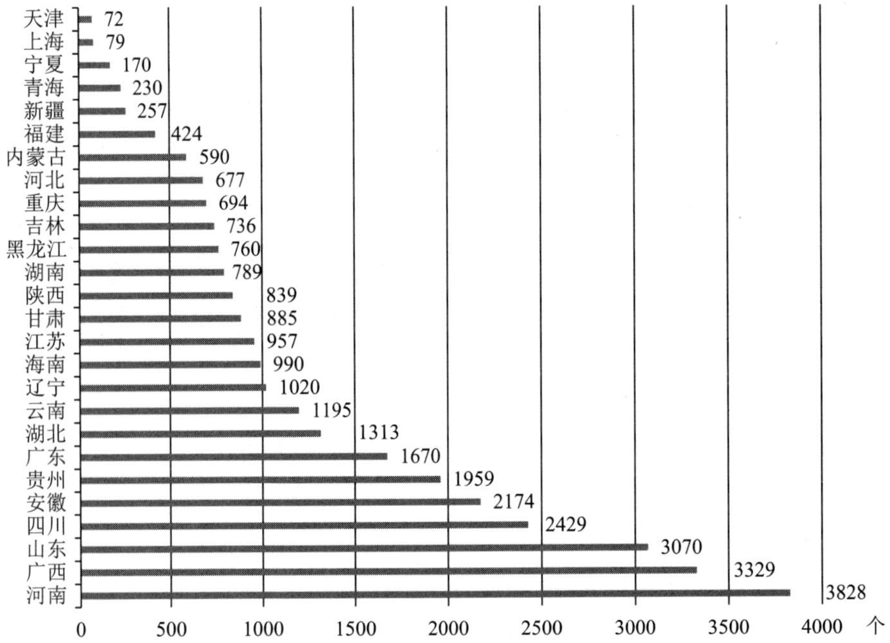

图 3-5　酒店管理专业招生情况

（二）专业设置与调整情况

近年来，随着我国旅游行业结构调整和产业赋能升级，给旅游职业教育改革、人才培养质量提升、专业设置动态优化等方面提出了新的要求，复合型技术技能人才和高层次技术技能人才更为紧缺。2019 年教育部对旅游类高职专业增补了“研学旅游管理与服务”和“葡萄酒营销与服务”，2020 年两个新增专业在 26 个省市具体招生情况如图 3-6 和图 3-7 所示。其中，研学旅游管理与服务专业招生规模为 1047 人。葡萄酒营销与服务作为新增专业招生规模较少，仅为 184 人，主要集中在上海、广东和福建三省的上海旅游高等专科学校、广东酒店管理职业技术学院和福州墨尔本理工职业学院三所学校。

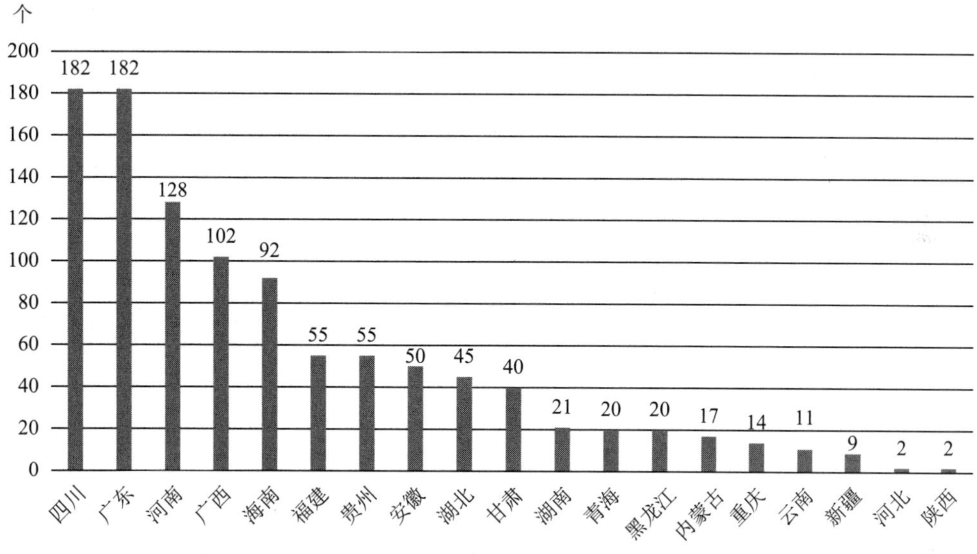

图 3-6 研学旅游管理与服务专业高职招生情况

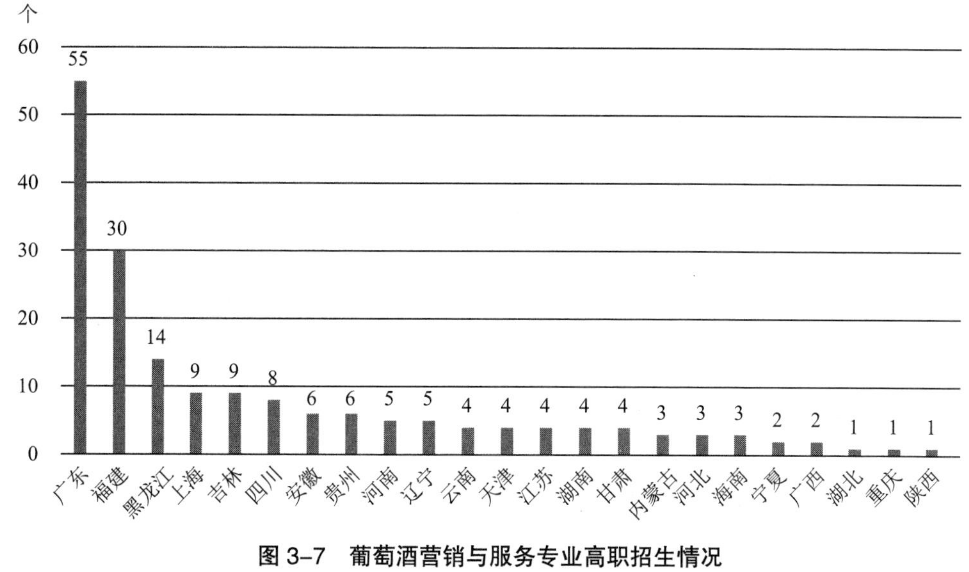

图 3-7 葡萄酒营销与服务专业高职招生情况

为了进一步巩固和突出职业教育类型特征，引导地方和学校更好地适应经济结构调整和产业升级需要灵活设置专业，提高人才培养质量，教育部办公厅在积极组织职业教育专业目录修（制）订工作，2021 年 3 月 12 日印发《职业教育专业目录（2021 年）》，新修订的专业目录强调一体化设计，中等职业教育、高等职业教育专科、高等职业教育本科不同层次专业，共设置 19 个专业大类、97 个专业类、1349 个专业。其中，中职专业 358 个、高职专科专业 744 个、高职本科专业 247 个。旅游大类中等职业教育、高等职业教育专科和本科新旧专业对照表如表 3-1、表 3-2 和表 3-3 所示。此次专业目录修订调整旨在加强旅游职业教育供给侧改革，促进专业升级和数字化改造，解决旅游职教人才结构性矛盾问题。

表 3-1　旅游大类中等职业教育新旧专业对照表

74 旅游大类				
7401 旅游类				
专业代码	专业名称	原专业代码	原专业名称	调整情况
740101	旅游服务与管理	130200	旅游服务与管理	合并
		130500	景区服务与管理	
740102	导游服务	130400	导游服务	保留
740103	康养休闲旅游服务	131000	康养休闲旅游服务	保留
740104	高星级饭店运营与管理	130100	高星级饭店运营与管理	保留
740105	茶艺与茶营销	131200	茶艺与茶营销	保留
740106	会展服务与管理	130600	会展服务与管理	保留
7402 餐饮类				
740201	中餐烹饪	130700	中餐烹饪与营养膳食	更名
740202	西餐烹饪	130800	西餐烹饪	保留
740203	中西面点	131100	中西面点	保留

表 3-2　旅游大类高等职业教育专科新旧专业对照表

54 旅游大类				
5401 旅游类				
专业代码	专业名称	原专业代码	原专业名称	调整情况
540101	旅游管理	640101	旅游管理	保留

续表

专业代码	专业名称	原专业代码	原专业名称	调整情况
540102	导游	640102	导游	保留
540103	旅行社经营与管理	640103	旅行社经营管理	更名
540104	定制旅行管理与服务			新增
540105	研学旅行管理与服务	640107	研学旅行管理与服务	保留
540106	酒店管理与数字化运营	640105	酒店管理	更名
540107	民宿管理与运营			新增
540108	葡萄酒文化与营销	640108	葡萄酒营销与服务	更名
540109	茶艺与茶文化	630704	茶艺与茶叶营销	归属调整、更名
540110	智慧景区开发与管理	640104	景区开发与管理	更名
540111	智慧旅游技术应用			新增
540112	会展策划与管理	640301	会展策划与管理	归属调整
540113	休闲服务与管理	640106	休闲服务与管理	保留
5402 餐饮类				
540201	餐饮智能管理	640201	餐饮管理	更名
540202	烹饪工艺与营养	640202	烹调工艺与营养	更名
540203	中西面点工艺	640204	中西面点工艺	保留
540204	西式烹饪工艺	640205	西餐工艺	更名
540205	营养配餐	640203	营养配餐	保留

表 3-3　旅游大类高等职业教育本科新旧专业对照表

34 旅游大类				
3401 旅游类				
专业代码	专业名称	原专业代码	原专业名称	调整情况
340101	旅游管理	840101	旅游管理	保留
340102	酒店管理	840102	酒店管理	保留
340103	旅游规划与设计			新增
3402 餐饮类				
340201	烹饪与餐饮管理			新增

二、调研方案的设计与说明

（一）调研内容

本课题面向开设旅游类专业的职业院校开展旅游人才需求的供给侧调查。设计调查问题如下：①旅游类专业开设情况，包括新增专业情况等；②旅游类专业学生情况，包括在校生人数、学生生源情况等；③旅游类专业招生就业情况，包括社会扩招情况；④“1+X”证书制度试点工作情况；⑤校企合作情况，包括产业学院建设情况，合作企业数量、类型、等级、合作方式、订单班开设情况等；⑥毕业实习情况，包括实习岗位、实习薪酬等；⑦院校视角下，企业对学生最为看重的素养要素。

（二）调研方法

1. 现场访谈

就社招情况、“1+X”证书制度试点工作、实习薪酬等问题，课题组选取了 10 家旅游职业院校进行了深度访谈调研。

2. 数据分析与问卷调研

本次调研通过对 26 个省市的高考招生数据分析、网络问卷及现场问卷等方式进行问卷设计与发放，具体掌握 2020 年职业院校在旅游类专业开设、招生就业、校企合作等一手数据。

3. 文献法

对于 2020 年国家对职业院校新的发展要求方面，课题组采取了文献资料收集等方式，查找相关政策文件。

（三）调研样本

院校调查对象包括高职院校和中职院校，其地域分布包含了华东、华南、华中、西北、西南、东北等地区，以保证地域上的全覆盖性。其中现场问卷发放 67 份，网络问卷发放 64 份，共涉及高职院校 104 所，中职院校 27 所，总计发放问卷 131 份，回收问卷 114 份，回收率达 87.02%。

三、被调查学校基本情况

本次调查的学校以高职院校为主，中职院校为辅，这也符合当前旅游业中从业人员以大专学历为主的现状。本次调查共涉及职业院校 114 所，地域分布涉及江苏、浙江、上海、安徽、山东、山西、河北、广东、广西、海南、湖北、河南、江西、湖南、重庆、四川、黑龙江、宁夏、陕西、甘肃、贵州、云南等地。基本覆盖了华东、华南、华中、西北、西南、东北等地区，地区分布较为全面，具体分布情况如下图 3-8 所示。被调查的院校从性质来看，公办的旅游类高职院校占 8.42%，公办综合类高职院校占 46.05%；民办综合类高职院校占 16.58%；其他占 28.95%，各调研类型学校基本覆盖。

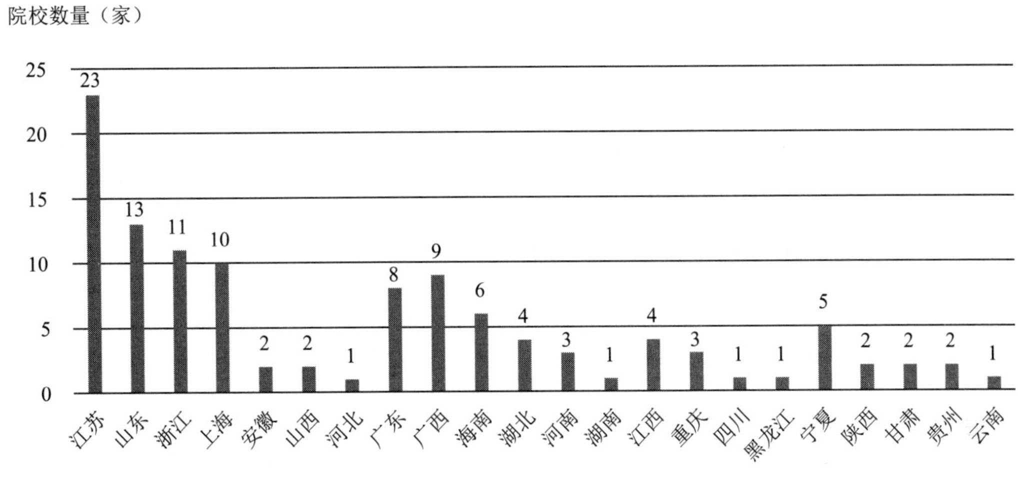

图 3-8　调查职业院校地区分布情况图

四、被调查学校人才培养的基本情况

（一）专业开设情况

在所调查的高职院校中，开设专业占前三位的是旅游管理（89.65%）、酒店管理（79.31%）、烹调工艺与营养（39.08%）。具体开设情况如图 3-9 所示。

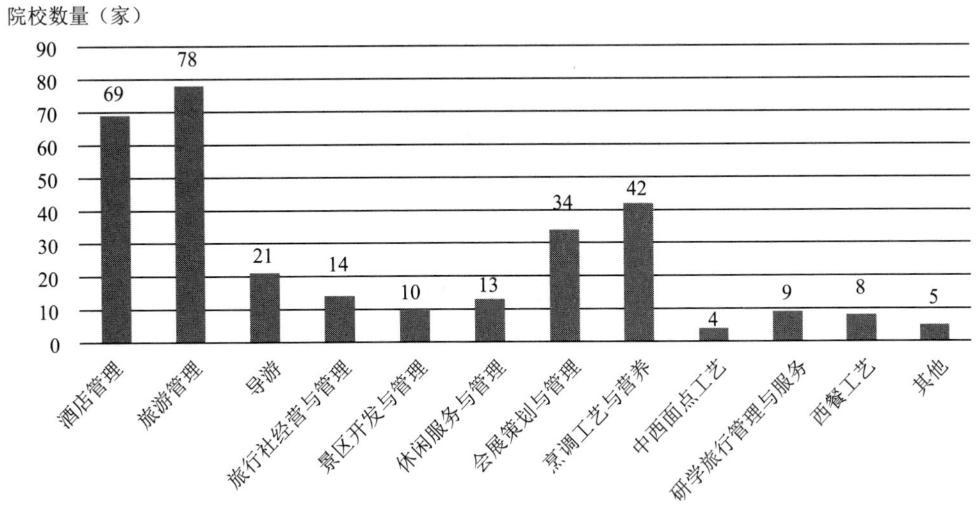

图 3-9　高职院校开设旅游类专业情况表

与2019年数据相比较，开设数量居于前二位的专业保持一致，烹调工艺与营养专业有所扩大。此外也有一些旅游类高职院校，如黑龙江旅游职业学院、浙江旅游职业学院、上海旅游高等专科学校、广东酒店管理职业技术学院等，开设了研学旅行管理与服务、葡萄酒营销与服务等新专业。

所调查的中职院校中，开设专业占前三位的是酒店服务与管理、旅游服务与管理、中餐烹饪与营养膳食。和去年相比，导游服务专业已淡出前三位置。

课题组查阅《2020年高校增设国家控制高职专业审批结果》（共计290个专业）及《2021年高校增设国家控制高职专业审批结果》（共计287个专业）发现，在新增的专业中，主要以教育类专业和医学类专业为主，包括学前教育、早期教育、小学教育、临床医学、口腔医学等，并无涉及旅游类专业。

（二）专业学生存量情况

1. 专业总体学生规模稳定，传统优势专业继续领跑

在被调查的院校中，大多数学校旅游类专业在校学生人数位于100～2000人的区间段中。其中，100～300人区间段的学校占15.79%，300～500人区间段的学校占18.43%，500～1000人区间段学校占25.00%，1000～2000人区间段学校占21.05%。在校生人数位于2000人以上区间段的，大部分为独立的旅游类院校，如南京旅游职业学院、山东旅游职业学院、浙江旅游职业学院、太原旅游职业学院、郑州旅游职业学院等。具体情况见图3-10。

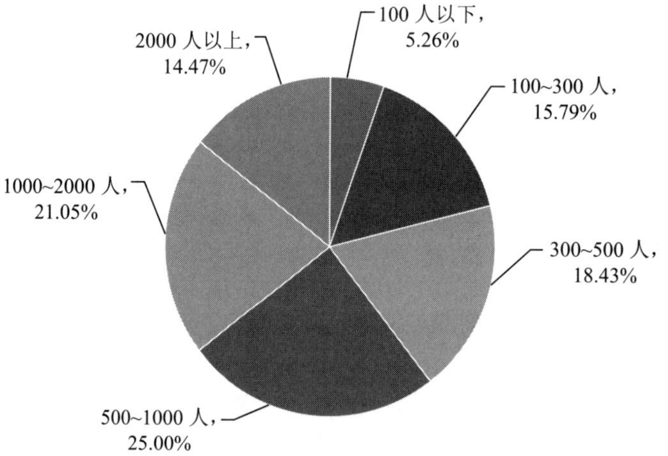

图3-10　职业院校旅游类专业在校生人数情况

在旅游类的所有专业中，46.05%的职业院校表示旅游管理专业（含旅游服务与管

理专业）的在校生人数最多，该专业学生最多的达 1399 人；43.42% 的职业院校表示酒店管理专业（含酒店服务与管理专业）的在校生人数最多，该专业学生最多的达 2276 人；3.95% 的职业院校表示会展策划与管理专业的在校生人数最多；2.63% 的院校表示在校生人数最多的是旅游大类中的其他专业，如高星级饭店运用与管理专业等。从调查数据可以发现，旅行社经营与管理、导游（导游服务）等专业学生人数在减少。具体情况见图 3-11。

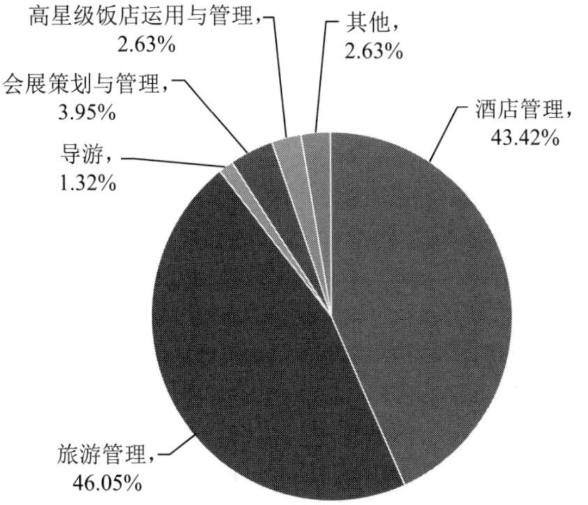

图 3-11　各院校关于在校人数最多的旅游类专业情况图

2. 生源结构地方区域性占比持续上升

在对职业院校旅游类专业生源情况进行调查的过程中，我们发现，60.52% 的院校表示其主要生源来自本省，9.22% 的院校表示其主要生源来自周边省份，30.26% 的院校表示其主要生源来自全国各地。和去年的数据相比，主要生源来自本省的院校数量占比在上升。具体情况见图 3-12。

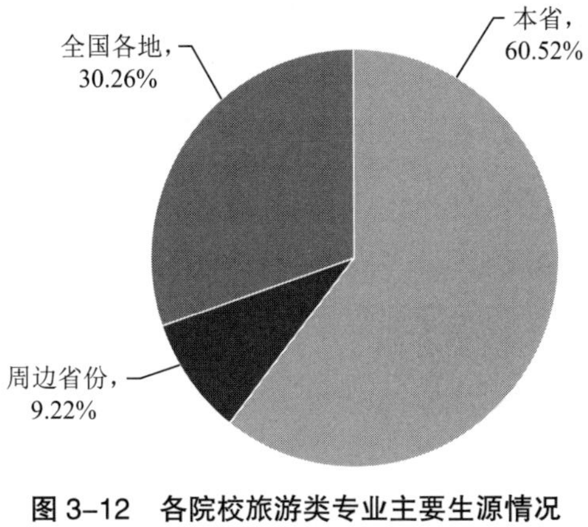

图 3-12　各院校旅游类专业主要生源情况

（三）招生情况

2020 年，随着国家扩招政策的稳步推进，职业院校旅游类专业招生规模在 100 ~ 300 人区间段的学校数量最多，占 36.84%，其次是招生规模在 300 ~ 500 人区间段的，占 28.95%，接着是招生规模在 100 人以下区间段的占 17.10%，在 500 ~ 1000 人区间段的占 11.84%，在 1000 ~ 2000 人区间段的占 2.63%，在 2000 人以上区间段的占 1.32%。与 2019 年旅游类专业招生规模情况相比，2020 年招生规模在 100 ~ 300 人区间段的院校数量比例有明显下降，招生规模在 300 ~ 500 人区间段的院校数量比例有明显提升。招生规模在 500 人以上的区间段的院校数量比例基本不变，总体招生规模呈增长态势。具体情况如图 3-13 所示。

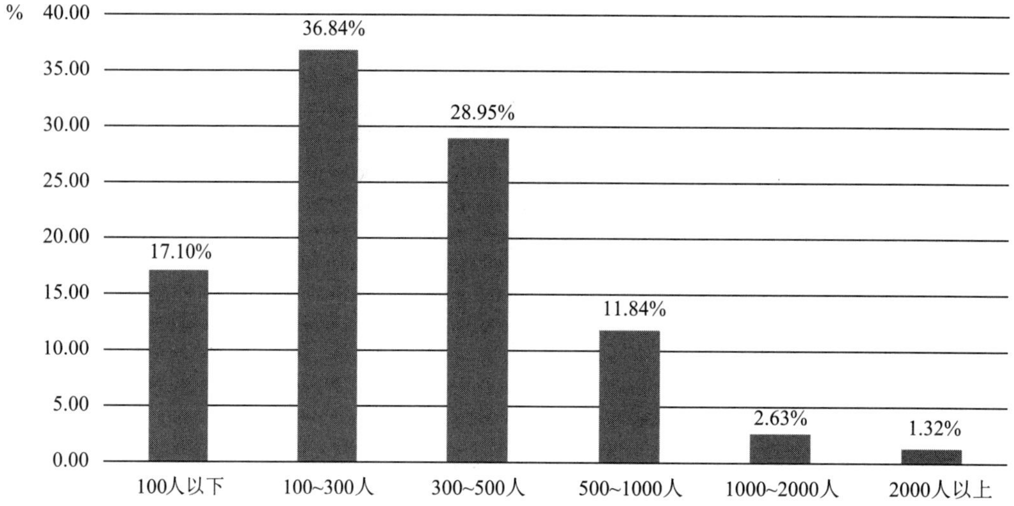

图 3-13　2020 旅游类专业招生规模各区间段院校占比情况

旅游类专业招生人数稳中有升。这其中，除了传统的普高入学和对口单招等途径外，社招生源的增加起到了一定的影响。2019 年第一次实施高职扩招，扩招对象为退役军人、下岗失业人员、农民工、新型职业农民、应往届高中生、应往届中职生等。2019 年我国顺利完成高职院校百万扩招计划，共扩招 116.45 万人。2020 年高职院校继续实施扩招，扩招人数为 100 万人。此外，通过调研和与有关院校的访谈获悉，该政策实施两年以来，虽然社会招生报考人数在不断增加，但各旅游院校对社会学员的培养还需要在授课形式、课程标准、课程开发、师资配备、实训场地、校企合作、教学评价与考核等方面逐步改善。

（四）就业情况

从学生的就业情况来看，2020 年旅游类专业就业情况不太理想。郑州旅游职业学院联合新锦成公司针对疫情下的旅游类院校毕业生就业情况做了一系列的调研，结果显示：选取的调查对象主要为来自河南、四川、云南、重庆、上海、江苏、浙江、安徽、江西、广西全国 10 个省（直辖市 / 自治区）2020 届旅游类院校毕业生。疫情暴发后，2020 届总体毕业生中，对当前就业形势感到不太乐观的占比较高，为 52.63%，其次为与之前一样的占比为 22.04%；此外，在未就业的毕业生中，新冠疫情造成 50.11% 的毕业生求职进度稍有延期，29.33% 的毕业生求职进度严重推迟[①]。

本次课题组调查结果显示，旅游管理专业（含旅游服务与管理专业）是院校中就业率最高的专业，这些院校占 30.26%（与去年相比下降 9% 左右），其就业率在 92%～100%，对口率大约为 31% 左右，对口率较之去年大幅度降低；以酒店管理专业（含酒店服务与管理专业）为最高就业率专业的职业院校占 17.11%（与去年相比下降 7% 左右），其就业率在 98%～100%，对口率大约为 65%，对口率较之去年有所下降。其余，还有 7.89% 的职业院校以会展策划与管理专业的就业率为最高。调研结果显示，由于受疫情情况影响，2020 年旅游类专业整体就业情况不太理想，学生专业对口率比往年有所下降。

（五）"1+X"证书制度试点工作情况

2020 年职业院校积极开展"1+X"证书制度试点工作，涉及旅游类的"X"证书的有亲子猫（北京）国际教育科技有限公司作为培训评价组织的"研学旅行策划与管理（EEPM）职业技能等级证书"和中国船舶集团有限公司旗下中船舰客教育科技（北京）有限公司牵头推进的"邮轮运营服务职业技能等级证书"。其中，邮轮运营服务证书作为国家第三批"1+X"证书制度试点主要面向于国际邮轮乘务管理和酒店管理专业。

本次调查结果显示，50.12% 以上的职业院校认为试点工作开展的比较顺利；40% 的院校认为证书内容与所学专业知识相适应；29% 院校认为证书体现了新技术、新工艺、新规范；20.21% 院校表示已经将考核的职业技能等级证书相关内容逐步融入到了相关课程中。在已实行试点工作的学校中也了解到，部分学校的试点实施工作并不顺利，原因主要集中在师资及经费等问题上，也有一些院校表示职业培训评价组织存在组织混乱、培训费用较高等问题。

（六）校企合作情况

1. 合作方式

在校企合作的方式上，目前主要有提供实习基地、师资或行业专家共享、共商人

① 王少华，苗文明 . 新冠肺炎疫情影响下旅游类高校毕业生就业状况［J］. 中国大学生就业，2020（08）：12-14.

才培养方案、共建实习基地、共同开发教材、订单培养学生等。本次调查结果显示，84.21% 的院校采取了“提供实习基地”的形式，和去年相比，采取这种传统的合作方式的院校比例已经下降；42.89% 的院校采取了“现代学徒制”的形式，经过几年的推广，这种形式已经被很多职业院校和企业所认可，该比例和去年相比大幅度上升；28.95% 的院校采取了“订单培养”的形式，订单班的人数大多维持在 30 ~ 100 人，订单班人数最多的大多为酒店管理专业，这和酒店行业人才需求缺口大相关；18.42% 的院校采取了“共建实习基地”的形式，还有 18.42% 的院校采取了“共商人才培养方案”的形式。从当前数据看，职业院校和企业之间的合作形式已经越来越趋向多样化，而且合作的深度也从浅层次的顶岗实习过渡到共商人才培养方案的层次。具体情况见图 3-14。

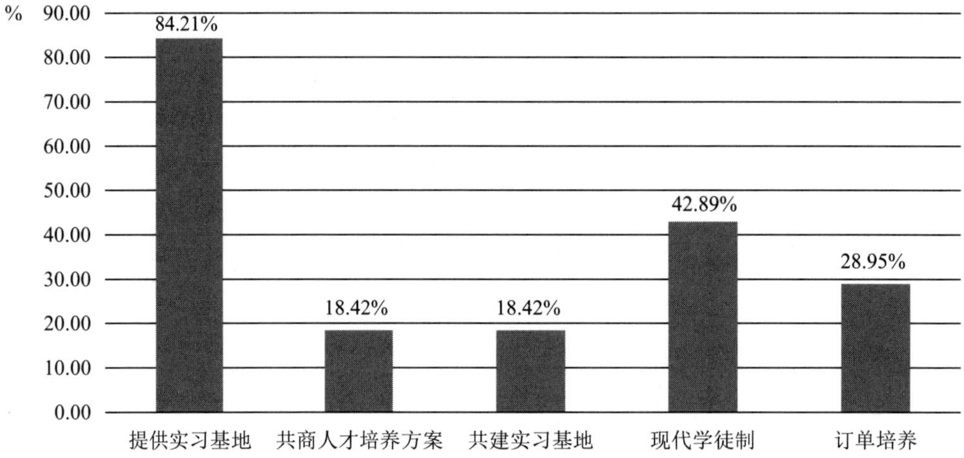

图 3-14　旅游类专业校企合作方式

由于“提供实习基地”依然是当前最主要的校企合作方式，调查组进一步对学生顶岗实习的时间进行了调查。根据调查发现，34.24% 的职业院校顶岗实习时间在 1 年左右。这一数据和去年相比有明显下降，主要受疫情影响，很多学校实习生的顶岗实习被中断。54.93% 的职业院校学生的顶岗实习时间在三个月到半年之间。这个趋势和《国家职业教育改革实施方案》中指出的“职业院校顶岗实习时间一般为 6 个月”的精神也保持了一致。

2. 实习岗位

2020 年，旅游类企业提供的就业实习岗位比较多样化，涉及一线服务岗位的有签证、旅游产品销售、订票员、酒店民宿服务员、票务、计调人员、乐园运营；一线技术岗主要有导游、旅游顾问、乐园设计等；基层管理岗主要集中在酒店客服经理、民宿运营经理（见图 3-15）。可见，当前旅游类企业提供的就业实习岗位依然以一线服务岗位为主。

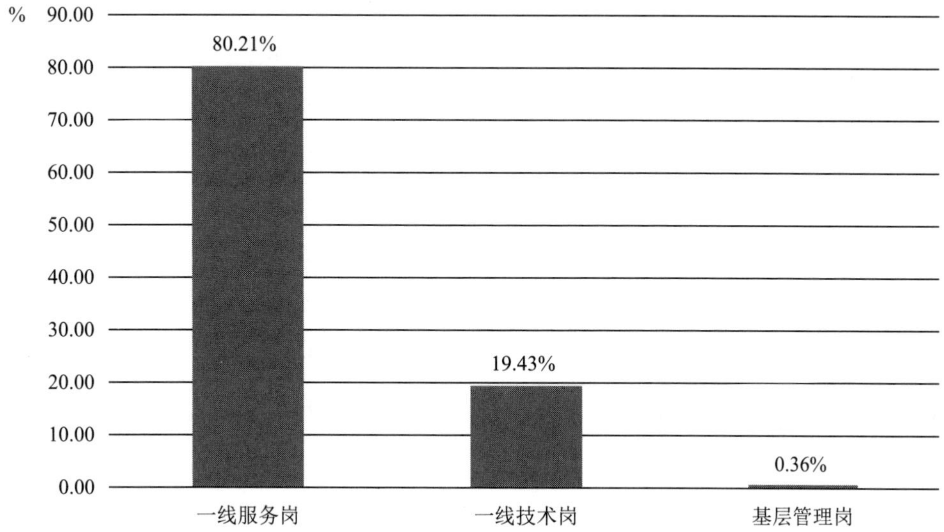

图 3-15　旅游类企业就业实习岗位情况图

3. 薪酬情况

课题组对一些典型城市如北京、上海、广州、深圳、杭州、厦门、南京、苏州、无锡等的旅游类毕业生薪酬进行了调查，2019 年的数据显示，职业院校（大专学历）薪酬水平处于一个橄榄状，旅游企业大多数岗位的平均工资水平在 4000 元至 6000 元之间，中等职业教育人才的薪酬水平较大专人群低 1500 元左右。其中，北京、上海、广州、深圳等一线城市，旅游企业大专生月工资水平处于 6000～8000 元。2018 年以来，月工资水平在 2000 元以下的旅游企业较少。

4. 企业对毕业生的要求

关于企业对毕业生最为看重的素质和能力，各个职业院校的看法较为一致，排名靠前的素质和能力有：职业道德、服务意识、吃苦耐劳、忠诚度、思维与视野。其中，有些企业对学生的身体素质也提出了要求。

五、调研结论

课题组通过本次调研，在职业院校旅游人才供给方面呈现以下特点：

第一，招生总体规模无明显下滑，专业结构亟待调整。与 2019 年相比，职业院校旅游类招生总体规模并没有明显下滑，这说明市场对于旅游业的信心依然存在。但是专业的结构已经发生了变化。近几年，因为薪资体系、社会保障等各种问题，致使导游专业招生情况直线下滑，在2020年对中职院校的专业开设情况中，导游专业已经无法跻身于前三行列。与此同时，很多学校顺应市场变化发展的趋势，开设了新的专业，如研学旅行管理与服务等。疫情之后，旅游行业很多企业的运营模式都会发展变化，游客的需求也同样在发生变化。所以，为了向重启后的旅游业更好地输送专业人才，旅游类的职业院校必须深入调查行业，了解变化趋势，及时调整专业结构和布局。

第二，积极推进产教深度融合，不断完善校企共同治理模式。鉴于目前产教融合深度不够的现状、校企合作不紧密等问题，根据产教深度融合的“双主体”育人目标，积极建立并不断完善校企共同治理模式。如通过混合所有制、现代学徒制以及共建产业学院等形式，实现校企共同决策、共同治理，师资互相评聘等。同时积极推进人才培养方案改革，把企业文化、职业岗位要求、创新创业教育纳入专业教育，提高学生的社会认知水平，提高学生对旅游行业的热爱，培养学生的职业技能和创新能力。

第三，高度重视“1+X”证书制度，积极解决试点工作发现的问题。调研显示，职业院校积极开展“1+X”证书制度试点工作，大部分被调研的院校试点工作开展得比较顺利。但是调研也发现一些问题，如，有些院校对证书的质量、证书的社会认可度存疑；有些院校认为证书费用加重了学校的负担等。因此，无论是教育管理部门，还是开发“1+X”证书的社会评价培训组织，以及开展“1+X”证书制度试点的职业院校，应深入调研“1+X”证书试点工作存在的问题，分析产生这些问题的原因，建立沟通渠道和证书信息管理服务平台等，进一步建立并完善进入和退出制度，严格监督证书质量，使“1+X”证书制度切实成为深化职业教育改革、提高人才培养质量、拓展就业本领的重要举措。

第四，加强职业道德培养，提升毕业生素质。毕业生最为企业所看重的素质涉及职业道德、服务意识、吃苦耐劳、忠诚度等。此外，由于受疫情影响有些企业对身体素质也提出要求，希望学校能够重视学生的身心培养。因此，旅游类专业在构建课程体系时，除重视专业知识和技能的培养，同时也要将德育、美育、体育、劳动教育等内容融入课程、课堂，深化学生的职业理想和职业道德教育，根据旅游企业人才需求的特点和要求，将职业素养课程纳入人才培养方案，科学设计课程体系和教学内容，切实提升学生的职业热爱和综合素质。

第四章　职业教育旅游类人才需求规模预测与分析

一、人才需求规模现状分析

（一）虽受疫情影响，但从中长期看，旅游产业将持续增长，人才需求将同步

随着全面建成小康社会持续推进，旅游已经成为人民群众日常生活的组成部分，我国旅游业进入大众旅游时代。图 4-1 展示了 2012—2021 年我国每年的旅游总收入（左轴）和旅游总人数（右轴）的情况，其中 2021 年的数据为中国旅游研究院的预测数据。从图中可以看出，从 2012—2019 年，我国旅游总收入和旅游总人数是持续增长的。

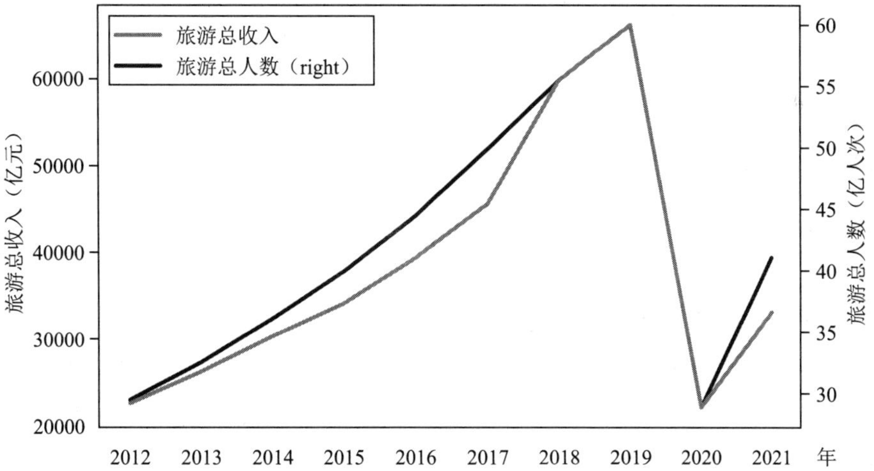

图 4-1　2012—2021 年旅游总收入与旅游总人数

（根据 2012—2020 年《中华人民共和国年国民经济和社会发展统计公报》旅游业数据绘制）

2020 年新冠疫情给旅游业带来了前所未有冲击和挑战，旅游产业受损严重。但在政府救助和企业自救下，旅游业正在恢复发展，并呈现积极向好的态势。据中国旅游研究院和中国电信联合实验室的监测数据显示，2021 年春节假日期间，广东、河南、

山东、江苏、上海、重庆、北京、浙江、湖南、陕西等地居民出游和游客接待量已经超过或接近2019年春节同期水平，很多地方的客流量和消费热度已经恢复到疫前的正常景气。①随着旅游业的恢复，旅游岗位人才需求也随之增加，BOSS直聘发布《2020年三季度人才吸引力报告》显示，三季度旅游相关岗位人才需求环比增长34.8%，在所有岗位大类中位居第三。②可见，随着旅游产业恢复和持续增长，对人才需求也将同步。

（二）随着旅游智慧化发展加快，数字化旅游人才需求旺盛

2020年在新冠疫情影响和推动下，旅游产业智慧化发展加快，无接触度假、智能导览、数据监测、无人服务、旅游直播（带货）等成为旅游产业谋发展和安全旅游的新形式。2020年11月30日，文化和旅游部、国家发展改革委、教育部等十部门联合印发《关于深化“互联网+旅游”推动旅游业高质量发展的意见》，明确提出：坚持技术赋能，推动5G、大数据、云计算、物联网、人工智能、虚拟现实、增强现实、区块链等信息技术革命成果应用普及，持续深化“互联网+旅游”，推动旅游业高质量发展。国有旅游景区应于2021年底前全部提供在线预约预订服务。到2022年，建成一批智慧旅游景区、度假区、村镇和城市，全国旅游接待总人数和旅游消费恢复至新冠肺炎疫情前水平。到2025年，国家4A级及以上旅游景区、省级及以上旅游度假区基本实现智慧化转型升级，全国旅游接待总人数和旅游消费规模大幅提升，对境外游客的吸引力和影响力明显增强。可以预见，随着深入推进旅游领域数字化、网络化、智能化转型升级，数字化旅游人才需求旺盛。

二、需求规模预测理论模型的选择、计算工具及数据来源

（一）预测模型的选择

为科学选择预测模型，课题组将上年度的预测值与官方公布的实际值进行了对比，发现去年的预测效果还是比较精准的，特别是旅游直接就业人数、星级酒店、景区的就业人数，十分精准，如表4-1所示。考虑到去年的预测效果比较好，所以本年度继续采用灰色预测GM（1，1）模型和Elman神经网络模型两种预测模型进行预测分析。

---

① 中国旅游研究院. 2021年春节长假旅游客流大数据报告［EB/OL］.［2021-03-02］. http://www. 199 it. com/archives/1209342. html.

② 李梦琦. 2020年三季度旅游业人才需求环比增幅跻身前三［EB/OL］.［2020-10-26］. https://travel.ifeng.com/c/80t4DzPphJY.

表 4–1　上年度预测与实际公布值对比表

	预测值	实际值	误差	出处和时间
旅游直接就业	2861	2825	1.27%	文化和旅游部，《2019 年旅游市场基本情况》，2020–03–10
住宿业就业	1 744 343	1 819 634	–4.14%	国家统计局网站，住宿业年度数据
星级酒店就业	1 058 700	1 061 600	–0.273%	文化和旅游部市场管理司，《2019 年度全国星级饭店统计报告》，2020–08–14
旅行社就业	380 850	410 600	–7.25%	文化和旅游部，《2019 年文化和旅游发展统计公报》，2020–06–20
景区就业	1 344 504	1 344 759	–0.019%	中国旅游统计年鉴 2019

（二）灰色预测 GM（1，1）模型

所谓灰色系统，是指既含有已知信息，又含有未知信息的系统（邓聚龙，1986）。由于它具有所需因素少、模型简单、运算方便、预测精度高等优点，可以较好地对非线性系统进行预测。在旅游人才需求的预测系统中，人才总数、结构等信息是已知的，但也受外界诸如政治、经济、文化、科技、自然灾害等因素的影响，存在很大的不确定性，非常符合灰色系统的特点，所以可以用灰色系统理论对旅游人才需求进行预测。

灰色系统常用的预测模型是 GM（1，1）模型，GM（1，1）模型表示一阶的、单变量的线性动态预测模型，其预测原理是将离散的随机数，经过生成变成随机性被显著削弱的较有规律的生成数，在此基础上建立数学模型，建模步骤如下：

1. 历史数据的采集和累加序列的生成

设研究对象的历史数据为：

$$X^{(0)}=\{X^{(0)}(1),X^{(0)}(2),X^{(0)}(3),\ldots X^{(0)}(n)\}$$

一般情况下，对于给定的原始数据序列不能直接用于建模，因为这些数据多为随机的、无规律的，为了减弱原始数据序列的波动性和随机性，需对原始序列进行数据处理，即通过累加生成方式将原始数据序列转化为规律性较强的递增数列，累加的规则是：将原始序列的第一个数据作为生成序列的第一个数据，将原始序列的第二个数据加到原始序列的第一个数据上，其和作为生成序列的第二个数据，将原始序列的第三个数据加到生成序列的第二个数据上，其和作为生成序列的第三个数据，按此规则进行下去，便可得到生成序列。

设累加后生成的序列为：

$$X^{(1)}=\{X^{(1)}(1), X^{(1)}(2), X^{(1)}(3), \cdots, X^{(1)}(n)\}$$

$$X^{(m)}(k)=\sum_{i=1}^{k} X^{(m-1)}(i)$$

上标 1 表示一次累加，同理，可作 m 次累加：其中对于非负的数据序列，累加的次数越多，则随机性弱化越明显，规律性越增强，这样就较容易用指数去逼近。经过这样的数据处理能达到两个目的：一是弱化了原始数据序列的随机性，而找到了其变化的规律性；二是为建立动态模型提供了中间信息。

累减，就是将原始序列前后两个数据相减得到累减生成序列。累减是累加的逆运算，累减可将累加生成序列还原为非生成序列，在建模中获得增量信息。

一次累减的公式为：

$$X^{(1)}(k)=X^{(0)}(k)-X^{(0)}(k-1)$$

2. 构建 GM（1，1）模型

在第 1 步中已经生成了 X（0）和 X（1）序列，则 GM（1，1）模型相应的微分方程为：

$$\frac{\mathrm{d}X^{(1)}}{\mathrm{d}t}+aX^{(1)}=\mu$$

其中：α 称为发展灰数；μ 称为内生控制灰数。

设 $\hat{\alpha}$ 为待估参数向量，

$$\hat{\alpha}=\begin{pmatrix} a \\ \mu \end{pmatrix}$$

$$\hat{\alpha}=(B^{\mathrm{T}}B)^{-1}B^{\mathrm{T}}Y_n$$

根据最小二乘法有：

$$B=\begin{bmatrix} -\frac{1}{2}(\mathrm{X}^{(1)}(1)+\mathrm{X}^{(1)}(2)) & 1 \\ -\frac{1}{2}(\mathrm{X}^{(1)}(2)+\mathrm{X}^{(1)}(3)) & 1 \\ \vdots & \vdots \\ -\frac{1}{2}(\mathrm{X}^{(1)}(n-1)+\mathrm{X}^{(1)}(n)) & 1 \end{bmatrix}, Y_n=\begin{bmatrix} \mathrm{X}^{(0)}(2) \\ \mathrm{X}^{(0)}(3) \\ \vdots \\ \mathrm{X}^{(0)}(n) \end{bmatrix}$$

求解微分方程，即可得预测模型：

$$\hat{X}^{(1)}(k+1)=\left[X^{(0)}(1)-\frac{\mu}{a}\right]e^{-ak}+\frac{\mu}{a}\quad k=0,1,2,\cdots,n$$

3. 编制计算软件

考虑到目前经济统计预测编程用 MathWorks 公司出品的 MATLAB 商业数学软件的用户较多，本次实现 GM（1，1）模型的工具软件没有使用上年度的 Pyhton，而是采用 MATLAB（版本为 R2020b）编写计算程序来实现整个 GM（1，1）模型计算过程，并用这一程序进行旅游人才需求的预测。

4. 误差检验

本课题采用后验差检验法评判模型的精度。后验差是对残差分布的统计特性进行精度检验，考察残差较小的点出现的概率，以及与残差方差有关的指标的大小，该检验法由后验差比值 C 和小误差概率 P 来共同描述。

设 $X^{(0)}$ 为原始序列，$\overline{X}^{(0)}$为相应的模拟序列，$\varepsilon^{(0)}$ 为残差序列，$\overline{X}=\frac{1}{n}\sum_{k=1}^{n}X^{0}(k)$和 $S_1^2=\frac{1}{n}\sum_{k=1}^{n}(X^{0}(k)-\overline{X})^2$分别是 $X^{(0)}$ 的均值和方差，$\overline{\varepsilon}=\frac{1}{n}\sum_{k=1}^{n}\varepsilon(k)$和$S_2^2=\frac{1}{n}\sum_{k=1}^{n}(\varepsilon(k)-\overline{\varepsilon})^2$ 分别为残差的均值和方差，称 $C=\frac{S_2}{S_1}$为均方差比值，称$p=P\{|\varepsilon(k)-\overline{\varepsilon}|<0.6745S_1\}$为小误差概率，均方差比值 C 越小越好，小误差概率 P 越大越好。

按照 C 和 P 两个指标，可以综合评判模型精度，各精度等级如表 4-2 所示。

表 4-2　后验差检验法精度等级表

模型精度等级	后验差比值 C	小误差概率 P
一级（好）	$C<0.35$	$0.95<P$
二级（合格）	$0.35\leqslant C<0.50$	$0.80<P\leqslant 0.95$
三级（勉强合格）	$0.50\leqslant C<0.65$	$0.70<P\leqslant 0.80$
四级（不合格）	$0.65\leqslant C$	$P\leqslant 0.70$

（三）Elman 神经网络模型

1. Elman 神经网络简介

本次预测，采用的第二种模型是 Elman 神经网络模型，该神经网络模型是 J. L. Elman 于 1990 年首先针对语音处理问题而提出来的，是应用较为广泛的一种典型的神经网络模型。

Elman 神经网络是应用较为广泛的一种典型的反馈型神经网络模型。一般分为四层：输入层、隐层、承接层和输出层。其输入层、隐层和输出层的连接类似于前馈网络。输入层的单元仅起到信号传输作用，输出层单元起到加权作用。隐层单元有线性和非线性两类激励函数，通常激励函数取 Signmoid 非线性函数。而承接层则用来记忆隐层单元前一时刻的输出值，可以认为是一个有一步迟延的延时算子。隐层的输出通过承接层的延迟与存储，自联到隐层的输入，这种自联方式使其对历史数据具有敏感性，内部反馈网络的加入增加了网络本身处理动态信息的能力，从而达到动态建模的目的。Elman 神经网络具有动态记忆功能，非常适合时间序列预测问题，所以应用 Elman 神经网络模型预测人才需求是比较适合的。

2. 模型实现、训练与应用

Elman 神经网络适合处理时间序列问题，因此常常用于一维或多维信号的预测，下面以 2018 年星级酒店人才需求预测为例，来说明该模型的实现。

（1）样本设计。原始数据是连续 18 年的星级酒店从业人数（2000 年至 2017 年），把这些数据作为训练样本，其中连续 5 年的从业人数作为训练输入，第 6 年的从业人数作为对应的期望输出。

（2）模型的实现与训练。MATLAB 神经网络工具箱为神经网络的使用者和研究者带来了巨大的便利，提高了工作效率。使用 MATLAB 进行 Elman 神经网络模型编程时，可以使用工具箱提供的 newelm 或者 elmannet 函数进行创建，这里采用较新的 elmannet 函数，设置迭代次数为 2000 次，为了取得较好的效果，训练前对数据进行归一化处理，最后用同样的数据进行测试，并将训练好的网络保存，以备预测时使用。

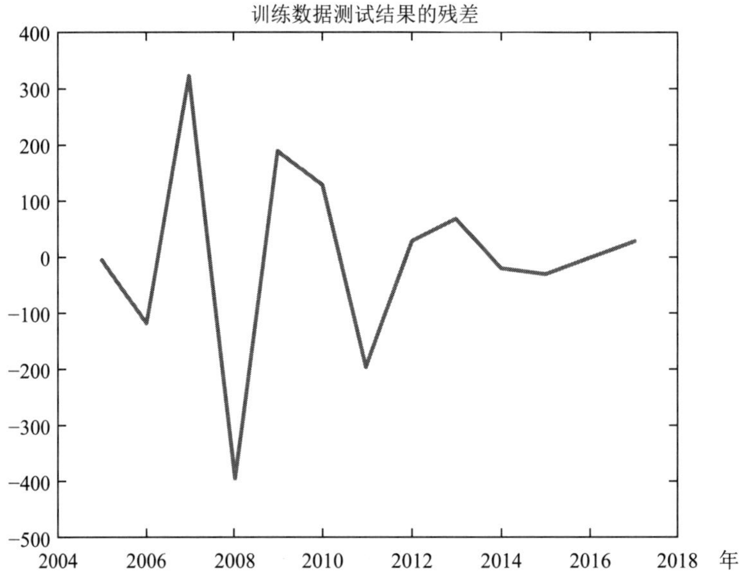

图 4-2　训练数据残差

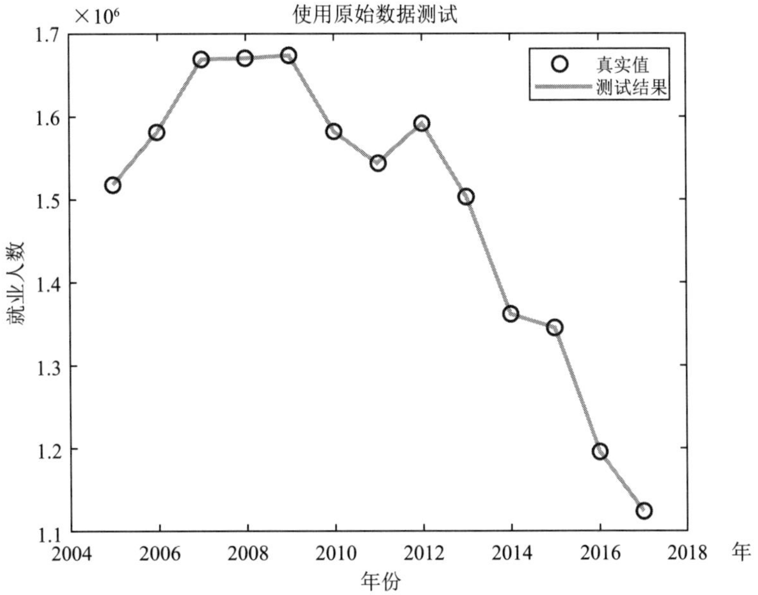

图 4–3　真实数据与测试结果对比

图 4–2 为残差图，图 4–3 为真实值和测试的对比，从图中可以看出，网络训练效果较好，真实值与测试值相差很小，完全可以用于预测。

（3）应用训练好的模型进行预测。将 2000 至 2017 年的数据输入，使用训练好的模型进行仿真计算，可以得到 2018 年星级酒店的就业人数。

（四）数据来源

为了保证数据的准确和权威，本次使用的人才需求数据的来源有 6 个：

① 2000 年至 2019 年的《中国旅游统计年鉴》中关于星级酒店、旅行社、景区就业人数的相关数据。

② 2014 年至 2019 年的全国旅游业直接从业人数数据来源为中国旅游研究院发布的《中国旅游业统计公报》。

③课题组与南京奥派信息技术有限公司合作，从“ 51job”“智联招聘”“58 同城”“最佳东方”四大人才招聘网站上，通过网络爬虫技术抓取的旅游企业发布的招聘信息。

④国家统计局 2011 年至 2013 年全国就业人数数据（推算 2011 年至 2013 年的旅游直接就业人数用）。

⑤ 2004 年至 2019 年国家统计局公布的住宿业从业人员数据。

⑥全国旅游职业教育教学指导委员会提供的中高职旅游专业 2019 年招生数据。

三、需求规模预测与分析

（一）旅游行业人才需求量预测与分析

2011 年至 2019 年期间全国旅游业直接从业人数，如表 4-3 所示。其中 2014 年和 2019 年的直接就业人数是国家旅游局公布统计数据，2011 年至 2013 年的数据没有正式公布数据，因为需要预测 2020 年至 2023 年这 4 年的就业数据，按灰色系统的预测样本要求中短期预测需要 10 个左右的样本较适合①，所以需要对 2011 年至 2013 年的数据进行比例法推算②，具体算法为：取距离缺失数据年份较近的 2014 年至 2017 年的 4 期数据进行分析，每年的旅游统计公报中旅游直接和间接就业人数占全国就业总人数的比例逐年增高，2014 年为 10.19%，2015 年为 10.2%，2016 年为 10.26%，2017 年为 10.28%，这四年平均年递增率为 0.03%，按此比率推算，2011 至 2013 年的占比，分别为 10.10%、10.13%、10.16%，而旅游直接就业人数占旅游直接和间接就业人数的比例各年份变化不大，一般为 35%，设旅游直接就业人数为 T，全国就业总人数为 P，则根据上述分析，2011 年的旅游直接就业人数为 T=P*0.101*0.35，而每年的全国就业总人数 P 可以从国家统计局网站上查到，代入公式计算即可得到 2011 年旅游业直接就业人数。同法可得 2012 年和 2013 年的旅游直接就业人数。

表 4-3　2011 年至 2019 年旅游行业直接从业人数（万人）

年份	2011	2012	2013	2014	2015	2016	2017	2018	2019
就业人数	2701	2720	2737	2779.4	2798	2813	2825	2826	2825

表 4-4　实际就业人数与预测需求人数对比（万人）

年份	2011	2012	2013	2014	2015	2016	2017	2018	2019
实际就业人数	2701	2720	2737	2779.4	2798	2813	2825	2826	2825
预测需求人数	2701	2735	2751	2767	2782	2798	2814	2830	2846
相对误差 %	–	0.55%	0.51%	–0.45%	–0.57%	–0.53%	–0.39%	0.14%	0.74%
平均相对误差 %	–	0.49%							

① 王学萌．灰色系统分析及实用计算程序［M］．武汉：华中科技大学出版社，2001：113.
② 杨德平，刘喜华．经济预测与决策技术及 MATLAB 实现［M］．北京：机械工业出版社，2016：44.

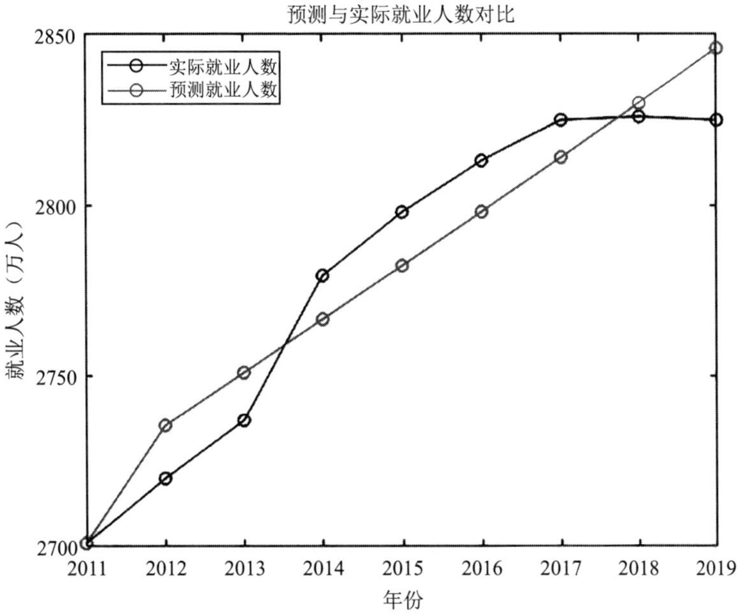

图 4-4　旅游直接从业人数实际数据与预测数据对比

因为旅游直接就业人数的历史数据较少，所以不适合用 Elman 神经网络模型进行预测，所以只能使用灰色系统 GM（1，1）模型进行预测，利用软件计算后，得出预测相对误差如表 4-4 所示，实际值和预测值对比如图 4-4 所示；后验差比：C=0.292，小概率误差：P=1，预测精度为 1 级，模型预测效果好，所以可以应用灰色系统模型进行预测。根据 2020 年四大招聘网站的酒店类和旅游类学历要求数据综合分析，近 90% 的岗位，中高职毕业生可以胜任，令当年需求人数为 Y，前一年的需求人数为 PY，则当年新增工作岗位需职业院校培养的数量为：T=（Y-PY）*0.90，最终预测出 2020 年至 2023 年期间全国旅游人才总量需求和需要职业院校培养的数量如表 4-5 所示，因为增加了 2019 年的新数据参加计算，所以最新预测结果与上一年度的对应年份的数据有变化。根据课题组的统计，2019 年全国旅游类高职专业招生约 14.1 万人，中职专业招生约 10.2 万人，职业院校共招生约 24.3 万人，此批学生 2022 年毕业，根据 2020 年部分省的高职专升本率（陕西省有高职毕业生 127 904 人[①]，录取 23 184 人，升本率为 18%；安徽省有高职毕业生 161 900 人[②]，录取 30 000 人，升本率为 18.5；浙江省有高职毕业

① 陕西省教育厅.2020 年陕西省高校毕业生就业质量报告［EB/OL］.［2021-02-23］. https://www.sohu.com/a/452193755_120852390.

② 江亚平.2020年安徽省高校毕业生就业状况报告［EB/OL］.［2021-03-22］. http://www.ahcaijing.com/index.php?a=show&catid=9&id=233892&m=wap&siteid=1&typeid=3.

生 136 000 人，录取 28 100 人[①]，升本率 21%），按这些省的平均升本率 19.2% 计算，2022 年旅游类高职毕业生约为 11.3 万人。我国中职学生有部分在中职毕业后升入高职，这一比例在过去 10 年中，通过高职（面向中职）单招、中高职贯通改革，逐渐扩大，当然，各地的情况有所不同，比如，山东省2020年中职升学深造比例为70%[②]；江苏省 2019 年的中职升学比例为 60%[③]；广东计划力争到 2022 年，中职毕业生升读高职院校的比例达到 30%，而上海 2017 年毕业生中有 56.23% 的人升入高一级院校继续深造[④]。三省一市的平均中职升学率为 54%，如果 2022 年全国中职升学率按 54% 的比例计算，2022 年旅游类中职毕业生约为 5.5 万人。据此，2022 年旅游职业院校合计毕业生约 16.8 万人，而 2022 年预测新增岗位中需职业院校培养的为 15.3 万人，供给略大于需求。

表 4-5　2020—2023 年旅游人才需求总量预测

年份	2020	2021	2022	2023
预测人才（万人）	2862	2878	2895	2911
新增工作岗位（万）	–	16	17	16
新增岗位需职业院校培养人数（万人）	–	14.3	15.2	14.3

（二）酒店行业职业院校人才需求预测与分析

1. 灰色系统 GM（1，1）模型预测

2000 年到 2019 年，全国星级酒店实际从业人数如表 4-6 所示。

表 4-6　2000—2019 年星级酒店从业人数统计

（单位：人）

年份	2000	2001	2002	2003	2004	2005
就业人数	1 124 896	1 052 054	1 216 076	1 350 600	1 446 104	1 517 070
年份	2006	2007	2008	2009	2010	2011
就业人数	1 580 403	1 668 095	1 669 179	1 672 602	1 580 963	1 542 751

① 385 万高职生的“就业季”给高职生更公平的就业待遇［EB/OL］.［2020-06-01］. https://baijiahao.baidu.com/s?id=1668257964325986763&wfr=spider&for=pc.

② 葛婷婷. 今年山东中职学生升学深造比例超 70%［EB/OL］.［2020-09-29］. https://baijiahao.baidu.com/s?id=1679154607820684475&wfr=spider&for=pc.

③ 中职毕业生升学比例超过 60% 我省职业教育“大有可为”［EB/OL］.［2019-12-08］. http://www.jiangsu.gov.cn/art/2019/12/8/art_60095_8838428.html?from=singlemessage.

④ 熊丙奇. 高职扩招 100 万，生源从何而来［EB/OL］.［2019-03-05］. http://news.cyol.com/content/2019-03/05/content_17938617.htm.

续表

年份	2012	2013	2014	2015	2016	2017
就业人数	1 590 590	1 502 496	1 361 869	1 344 503	1 196 564	1 124 641
年份	2018	2019				
就业人数	1 025 435	1 061 600				

在上年度的灰色系统预测中，采用了全部 18 年的数据作为样本序列，但预测效果（预测 2019 年）明显不如 Elman 神经网络，Elman 神经网络预测结果与实际值相差很小（-0.273%），灰色系统模型预测结果相差较大（4.8%），经分析，是因为灰色系统预测是通过计算数据序列趋势，对数据进行拟合，如果样本采用 2000 年至 2017 年的数据进行短期预测（2019 年），灰色系统会认为 2019 年的大趋势根源来自 2000 到 2017 年这一期间，而离 2019 年较远的年份，对 2019 年的影响很小，关联度不大。经过实验，发现如采用 2010 年至 2017 年期间的数据进行计算，误差可以缩小为 2.2%（预测 2019 年的值具体为 1 037 821 人），如采用 2014 年至 2017 年的数据作为样本，误差放大为 12.7%（预测 2019 年的值具体为 927 263 人），经验表明，进行短期预测，样本量以不超过 10 个较为适宜。故本年度的灰色预测采用的样本量均不超过 10 个。

将这 2010 年至 2019 年这 10 年的数据代入，使用软件计算的过程，本节不再详细讨论，只给出结果：预测误差如表 4-7 和图 4-5 所示；后验差比：C=0.225，小概率误差：P=1，预测精度为 1 级，模型预测效果好。

表 4-7　星级酒店就业人数与预测人数对比（灰色系统预测）

年份	2010	2011	2012	2013	2014
就业人数	1 580 963	1 542 751	1 590 590	1 502 496	1 361 869
预测人数	1 580 963	1 625 880	1 534 855	1 448 926	1 367 808
相对误差 %	-	5.39%	-3.50%	-3.57%	0.44%
年份	2015	2016	2017	2018	2019
就业人数	1 344 503	1 196 564	1 124 641	1 025 435	1 061 600
预测人数	1 291 231	1 218 942	1 150 699	1 086 277	1 025 462
相对误差 %	-3.96%	1.87%	2.32%	5.93%	-3.40%
平均误差 %	3.38%				

图 4-5　星级酒店从业人数实际数据与预测数据对比

预测 2020 年至 2023 年的星级酒店人才需求量如表 4-8 所示。

表 4-8　2020—2023 年星级酒店人才需求预测（灰色系统模型）

年份	2020	2021	2022	2023
预测需求人数（人）	968 051	913 855	862 693	814 395

2004 年到 2019 年，全国住宿业（为限额以上住宿单位，即：年主营业务收入 200 万元及以上）。从业人数如表 4-9 所示。

表 4-9　2004—2019 年住宿业从业人数

（单位：人）

年份	2004	2005	2006	2007	2008	2009	2010	2011
就业人数	1 282 173	1 529 270	1 622 802	1 744 142	1 998 667	2 000 484	2 108 179	2 156 638
年份	2012	2013	2014	2015	2016	2017	2018	2019
就业人数	2 107 502	2 094 185	1 979 000	1 911 615	1 863 303	1 820 851	1 780 363	1 819 634

如果将这 10 年的原始数据作为序列输入，预测误差如表 4-10 和图 4-6 所示；后验差比：C=0.233，小概率误差：P=1，预测精度为 1 级，模型预测效果好，所以可以应用灰色系统模型进行预测，预测 2020 年至 2023 年住宿业人才需求如表 4-11 所示。

表 4-10　住宿业就业人数与预测人数对比（灰色系统预测）

年份	2010	2011	2012	2013	2014
就业人数	2 108 179	2 156 638	2 107 502	2 094 185	1 979 000
预测人数	2 108 179	2 155 262	2 100 286	2 046 713	1 994 506
相对误差 %	–	–0.06%	–0.34%	–2.27%	0.78%
年份	2015	2016	2017	2018	2019
就业人数	1 911 615	1 863 303	1 820 851	1 780 363	1 819 634
预测人数	1 943 631	1 894 053	1 845 740	1 798 660	1 752 780
相对误差 %	1.67%	1.65%	1.37%	1.03%	–3.67%
平均误差 %	1.43%				

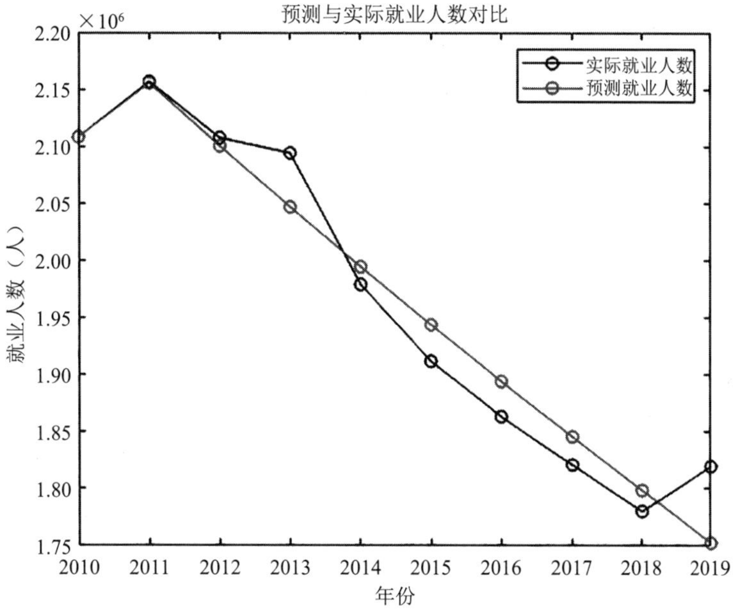

图 4-6　住宿业从业人数实际数据与预测数据对比（灰色系统模型）

表 4-11　2020—2023 年住宿业人才需求预测（灰色系统模型）

年份	2020	2021	2022	2023
预测人才（人）	1 708 070	1 6645 02	1 622 044	1 580 670

2. Elman 神经网络模型预测

把 2005 年至 2019 年的从业人数作为原始数据，利用训练好的模型进行仿真预测，预测结果与实际值的比对如表 4-12 和图 4-7 所示，可见平均误差很小，真实值和预测差拟合得很好，预测 2020 年至 2023 年星级酒店从业人数如表 4-13 所示。

表 4-12　星级酒店就业人数与预测人数对比（Elman 神经网络预测）

年份	2005	2006	2007	2008	2009	2010	2011	2012
就业人数	1 517 070	1 580 403	1 668 095	1 669 179	1 672 602	1 580 963	1 542 751	1 590 590
预测人数	1 516 932	1 580 331	1 664 164	1 691 248	1 630 818	1 603 623	1 549 784	1 576 260
相对误差	−0.01%	0.00%	−0.24%	1.32%	−2.50%	1.43%	0.46%	−0.90%
年份	2013	2014	2015	2016	2017	2018	2019	
就业人数	1 502 496	1 361 869	1 344 503	1 196 564	1 124 641	1 025 435	1 061 600	
预测人数	1 505 777	1 365 499	1 347 632	1 193 717	1 125 018	1 024 853	1 063 192	
相对误差	0.22%	0.27%	0.23%	−0.24%	0.03%	−0.06%	0.15%	
平均误差	0.54%							

图 4-7　星级酒店从业人数实际数据与预测数据对比（Elman 神经网络预测）

表 4-13　2020—2023 年星级酒店人才需求预测（Elman 神经网络预测）

年份	2020	2021	2022	2023
预测人才（人）	998 235	921 962	829 760	836 612

因为住宿业的样本数据量较小，为防止过度拟合，本次没有采用 Elman 神经网络进行住宿业的数据预测（上年度住宿业采用了 Elman 神经网络，实际效果明显不如灰

色系统模型）。

3. 两种模型对比

对于星级酒店人才需求预测，灰色系统模型平均误差为 3.38%；Elman 神经网络的平均误差 0.54%。两者对于 2020 年至 2023 年的预测如表 4-14 所示，从表中可以看出，对于星级酒店，两者的预测有一定的差别，但总体趋势一致，且差别在可以接受的范围；考虑到灰色系统模型在单独预测星级酒店数据时误差就较大，而 Elman 神经网络模型预测星级酒店数据误差较小，优于灰色系统模型，且从上年度两种预测结果与 2019 年实际数据验证效果来看，Elman 神经网络模型精确度高于灰色系统模型，这说明在星级酒店的预测上，Elman 神经网络模型优于灰色系统模型。

表 4-14　2020—2023 年星级酒店人才需求预测（灰色系统模型与 Elman 神经网络对比）

年份	2020	2021	2022	2023
灰色系统	968 051	913 855	862 693	814 395
Elman 神经网络	998 235	921 962	829 760	836 612
相差百分比	3.02%	0.88%	–3.97%	2.66%

从表 4-14 和表 4-11 的预测数据来看，星级酒店和住宿业的就业人数逐年减少（除 Elman 神经网络方法预测 2023 年从业人数比 2022 年稍有增加），没有提供新的工作岗位，但这不意味酒店企业不需要职业院校培养人才，这是因为：一方面，星级酒店和限额以上住宿业在整个住宿业市场中占比不大，仅仅靠这两者的统计数据，无法认识整个中国住宿业市场的全貌，在各种鼓励民宿发展政策的持续利好下，民宿业市场发展持续向好。据《中国旅游民宿发展报告（2019）》显示，截至 2019 年 9 月 30 日，民宿数量达到 16.98 万家，相比 2016 年的逾 5 万家增长 217.06%，民宿管理人才紧缺。另一方面，酒店企业的员工流失率高，人才供需缺口较大。因此，职业院校应根据酒店业、住宿业、民宿业的市场需求变化，调整专业设置和课程体系，开设民宿管理与运营等相关专业。

（三）旅行社行业职业院校人才需求预测与分析

1. 灰色系统模型

表 4-15 中的数据为 2000 年至 2019 年这 20 年间的全国旅行社的就业人数。选取 2010 年到 2019 年期间的数据，则后验差比：C=0.310，小概率误差：P=1，预测精度为 1 级，可以用于预测旅行社的人才需求。使用编制的程序计算后，相对误差如表 4-16 和图 4-8 所示。

表 4-15　2000—2019 年旅行社从业人数统计

年份	2000	2001	2002	2003	2004	2005	2006
就业人数	164 336	192 408	229 147	249 802	246 219	248 919	285 917
年份	2007	2008	2009	2010	2011	2012	2013
就业人数	307 977	321 655	308 978	277 262	299 755	318 223	339 993
年份	2014	2015	2016	2017	2018	2019	
就业人数	341 312	334 033	346 219	358 873	411 384	415 941	

表 4-16　旅行社实际就业人数与需求预测对比（灰色系统模型预测）

年份	2010	2011	2012	2013	2014
就业人数	277 262	299 755	318 223	339 993	341 312
预测人数	277 262	300 683	312 309	324 385	336 928
相对误差 %	–	0.31%	–1.86%	–4.59%	–1.28%
年份	2015	2016	2017	2018	2019
就业人数	334 033	346 219	358 873	411 384	415 941
预测人数	349 955	363 487	377 541	392 139	407 302
相对误差 %	4.77%	4.99%	5.20%	–4.68%	–2.08%
平均误差 %	3.31%				

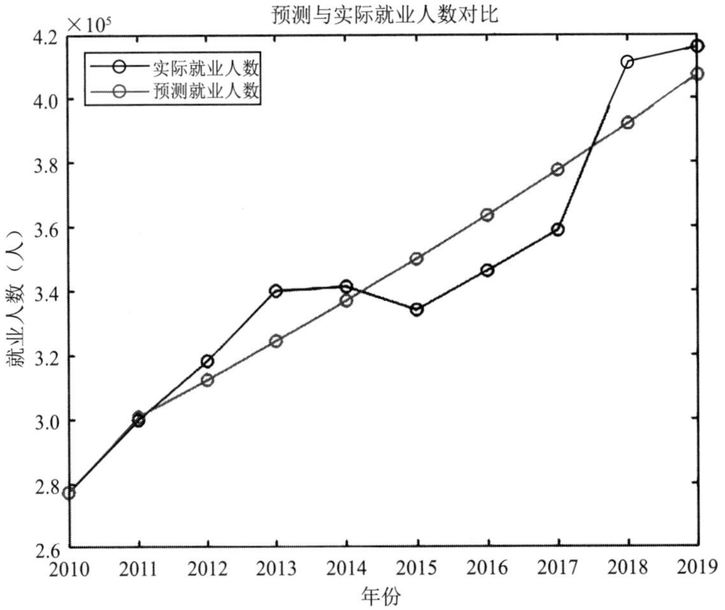

图 4-8　旅行社从业人数实际数据与预测数据对比（灰色系统模型预测）

最终的全国旅行社 2020 年至 2023 年的人才需求量预测结果如表 4-17 所示。

表 4-17　2020—2023 年期间旅行社人才需求预测（灰色系统模型预测）

年份	2020	2021	2022	2023
预测人才数（人）	423 050	439 408	456 398	474 045

2. Elman 神经网络模型预测

将 2000 年至 2019 年 20 年的全部数据输入训练好的模型，利用模型进行迭代仿真计算，可得 2005 年至 2023 年的预测数据。其中 2005 年至 2019 年的预测误差如表 4-18 和图 4-9 所示。2020 年到 2023 年的预测数据如表 4-19 所示。

表 4-18　旅行社实际就业人数与需求预测对比（Elman 神经网络模型预测）

年份	2005	2006	2007	2008	2009	2010	2011	2012
就业人数	248 919	285 917	307 977	321 655	308 978	277 262	299 755	318 223
预测人数	248 942	285 875	308 024	321 622	308 986	277 203	299 861	318 144
相对误差	0.009%	-0.015%	0.015%	-0.010%	0.003%	-0.021%	0.035%	-0.025%
年份	2013	2014	2015	2016	2017	2018	2019	
实际人数	339 993	341 312	334 033	346 219	358 873	411 384	415 941	
预测人数	339 981	341 363	334 134	345 994	359 081	411 308	415 849	
相对误差	-0.004%	0.015%	0.030%	-0.065%	0.058%	-0.018%	-0.022%	
平均误差		0.023%						

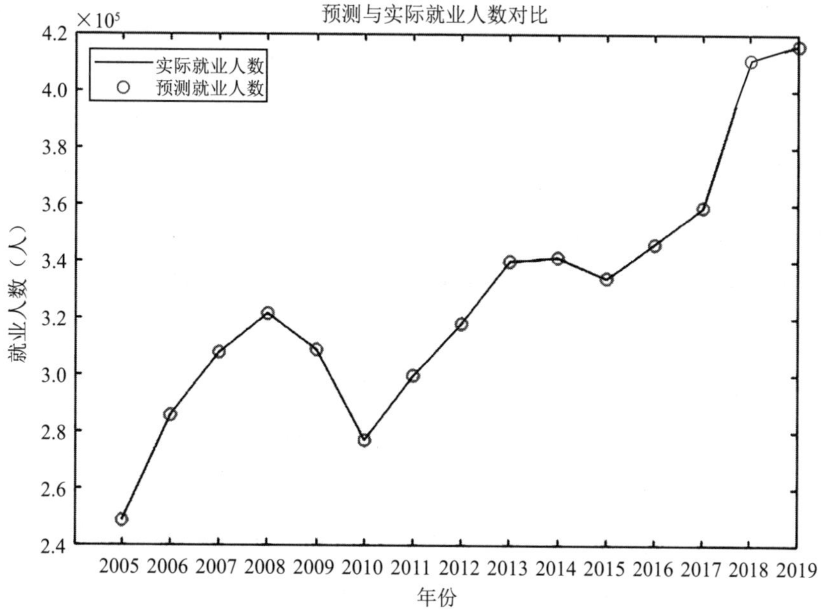

图 4-9　旅行社从业人数实际数据与预测数据对比（Elman 神经网络模型预测）

表 4-19　2020—2023 年期间旅行社人才需求预测（Elman 神经网络模型预测）

年份	2020	2021	2022	2023
预测人才数（人）	423 985	429 008	451 019	483 493

3. 两种模型对比

在旅行社人才需求预测中，灰色系统模型平均误差 1.94%；Elman 神经网络，平均误差 0.023%。

两者对于 2020 年至 2023 年的预测如表 4-20 所示，从表中可以看出，两者的预测有一定的差别，但差别不大，因为 Elman 神经网络预测误差较小，所以取 Elman 神经网络预测结果作为 2020 年至 2023 年旅行社人才需求的预测结果，如表 4-21 所示。

表 4-20　2020—2023 年旅行社人才需求预测（灰色系统模型与 Elman 神经网络对比）

年份	2020	2021	2022	2023
灰色系统	423 050	439 408	456 398	474 045
Elman 神经网络	423 985	429 008	451 019	483 493
相差百分比	0.22%	-2.37%	-1.18%	1.99%

表 4-21　2020—2023 年旅行社人才需求预测

年份	2020	2021	2022	2023
预测人才数（人）	423 985	429 008	451 019	483 493
新增旅行社岗位数（个）	-	5023	22 011	32 474
新增旅行社岗位需职业院校院培养人数	-	4493	19 689	29 048

2019 年旅行社经营管理专业高职院校共招生 830 人（中职该专业未招生），此批学生于 2020 年毕业，而 2022 年预测新增岗位中需职业院校培养的为 19 689 人，可以在满足本专业毕业生就业的同时，吸收旅游管理等专业毕业生就业。

（四）导游及领队职业院校人才需求预测与分析

导游及领队的近年来的具体就业数据，《中国旅游统计年鉴》中没有提供，课题组只能利用间接数据进行估算，鉴于 2020 年受疫情影响，导游及领队纷纷失业，因此课题组根据 2019 年从“前程无忧”人工检索及整理旅游类的招聘岗位数据分析，导游及领队岗位约占总信息的 4.94%，据此估计，导游及领队大约占旅游总人才需求的 5% 左右，再根据表 4-5，估算后，可以得出 2020—2023 年导游及领队的人才需求量，如

表 4-22 所示。

表 4-22　2020—2023 年导游及领队人才需求预测

年份	2020	2021	2022	2023
预测人才数	1 431 000	1 439 000	1 447 500	1 455 500
新增工作岗位（个）	–	8000	8500	8000
新增岗位需职业院校培养人数	–	7156	7603	7156

2019 年高职导游类专业共招生 4290 人，中职院校导游专业招生 1755 人，职业院校导游专业 2019 年共招生 6045 人，此批学生 2022 年毕业，而 2022 年预测新增岗位中需职业院校培养的为 7603 人。从数据上看，供需基本平衡。

（五）景点景区职业院校人才需求预测与分析

2014—2018 年景区的就业人数如表 4-23 所示，没有采用 2014 年之前数据的原因是因为，2014 年之后的年份，每年景区的就业人数比前各年份多出了很多（2013 年为 237 961 人，2014 年为 1 215 384 人，2015 年为 1 229 239 人，2016 年为 1 287 706 人，2017 年为 1 300 945 人，2018 年为 1 344 759 人），推测 2014 年之后和 2014 年之前的景区就业人数的统计口径可能不一致，所以，课题组基于 2014 年至 2017 年连续 5 年的数据进行预测，数据样本较少，Elman 神经网络模型不适用，但灰色系统理论恰恰适用于样本少、贫信息，经过计算，得出如表 4-24 所示的实际就业人数和预测人数的对比，可以发现，误差不大，后验差比：C=0.1772，小概率误差：P=1，预测精度为 1 级，说明可以应用灰色系统模型预测景区的人才需求。经过软件计算，得出如表 4-25 所示的景区人才需求预测。

表 4-23　2014—2018 年景区就业人数

年份	2014	2015	2016	2017	2018
就业人数（人）	1 215 384	1 229 239	1 287 706	1 300 945	1 344 479

表 4-24　实际就业人数和预测人数对比

年份	2014	2015	2016	2017	2018
实际就业人数（人）	1 215 384	1 229 239	1 287 706	1 300 945	1 344 479
预测人才需求数（人）	1 215 384	1 237 249	1 272 141	1 308 016	1 344 904
误差	–	0.65%	1.21%	0.54%	0.01%
平均误差	0.6%				

表 4–25　2020—2023 年景区人才需求预测

年份	2020	2021	2022	2023
预测人才数（人）	1 421 829	1 461 926	1 503 153	1 545 544
新增景区岗位（个）	–	40 097	41 227	42 391
新增景区岗位需职业院校培养人数	–	35 406	36 403	37 431

2019 年全国高职景区管理类专业共招生 840 人，中职该专业共招生 456 人，职业院校共招生 1296 人，此批学生 2022 年毕业，而从表 4–25 的预测情况看，2022 年预测新增岗位中需职业院校培养的为 36 403 人。可见，景区人才需求远远大于供给，该专业人才培养规模需要扩大。

（六）旅游新业态高职人才需求预测与分析

根据文化和旅游部 2018 年 12 月发布的《关于提升假日及高峰期旅游供给品质的指导意见》，未来将着力开发文化体验游、乡村民宿游、休闲度假游、生态和谐游、城市购物游、工业遗产游、研学知识游、红色教育游、康养体育游、邮轮游艇游、自驾车房车游 11 个旅游新业态。表 4–26、表 4–27 分别为 2018—2020 年的旅游新业态的招聘信息统计表。从表的对比中可以看出，相比 2019 年，2020 年五种新业态的招聘信息均大幅下降，但房车旅游和民宿旅游恢复程度好于其他业态。

课题组以自驾房车游和民宿为例，预测该业态的人才需求。

表 4–26　2018 年 12 月 10 城市旅游新业态需求信息统计表

岗位	房车旅游	民宿旅游	度假旅游	会展旅游	邮轮旅游
信息数量	104	191	651	890	169

表 4–27　2019—2020 年全年四大招聘网站旅游新业态需求信息统计表

年份	房车旅游	民宿旅游	度假旅游	会展旅游	邮轮旅游
2019	1722	8435	16 879	18 552	5621
2020	439	2845	1985	1699	1032
相差 %	–74.51%	–66.27%	–88.24%	–90.84%	–81.64%
恢复 %	25.49%	33.73%	11.76%	9.16%	18.36%

据《中国国内旅游发展报告 2020》数据显示，2020 年“房车露营、精致小团游、云导游”成为行业新特征关键词。房车旅行作为国内新兴的旅游方式，因为私密性及

安全性的特点，在疫情期间正以加速的状态被大家所接受，统计显示，租车预订单有10% 左右的增长，其中，房车的在线租车成为热门选择。上汽大通房车科技有限公司的 5、6、7 月份的订单数据与去年同期相比分别增长了 399%、220%、218%；订单总收入与去年同期相比增长了 257%①。根据智研咨询网发布的《2018—2024 年中国房车露营地行业市场竞争格局及未来发展趋势报告》中的我国 2015—2017 年房车露营地的数量，可以得到表 4-28。利用灰色系统模型对今后若干年的营地数量进行预测（C=0.015，P=1，精度 1 级），结果如表 4-29 所示。

表 4-28　2015—2017 年我国房车露营地数量统计表

年份	2015	2016	2017	2018
营地数量	415	958	1273	1690

据测算一个中等规模的露营地可实现大约 200 至 400 个直接或间接就业岗位，包括设计、制造、技术、服务、培训等②。如果按最少的200个岗位计算，2020—2023年，自驾房车露营地可以提供的就业岗位和新增岗位如表 4-29 所示。

表 4-29　2020—2023 年我国房车露营地数量预测表

年份	2020	2021	2022	2023
营地数量	2936	3891	5159	6838
岗位数量	587 200	778 200	1 031 800	1 367 600
新增岗位	-	191 000	253 600	335 800

从表 4-29 可以看出，未来几年，我国房车自驾游需要大量的专业人才，建议旅游类职业院校在旅游类专业中开设相关课程或开设新专业，进行专业人才培养，满足新业态的人才需求。

表 4-30 为 2014—2019 年民宿的数量，根据表 4-30 绘制折线图，如图 4-10 所示。因为 2017 年及之后的民宿数量爆发式增长，故灰色系统理论已经不适合此序列的预测。但从数据上可以看出，民宿业的发展近两年虽然放缓，但还是保持在高位，急需专业人才。

① 伍策，楠雪.《中国国内旅游发展报告 2020》在线发布［EB/OL］.［2020-09-14］. http://travel.china.com.cn/txt/2020-09/14/content_76701643.html.

② 沈仲亮，邢丽涛 . 我国自驾车房车旅游发展潜力巨大［N］. 中国旅游报，2016-07-06.

表 4-30　2014—2019 年民宿数量[①]

年份	2014	2015	2016	2017	2018	2019
民宿数量（家）	30 200	42 658	50 200	200 000	210 000	169 800

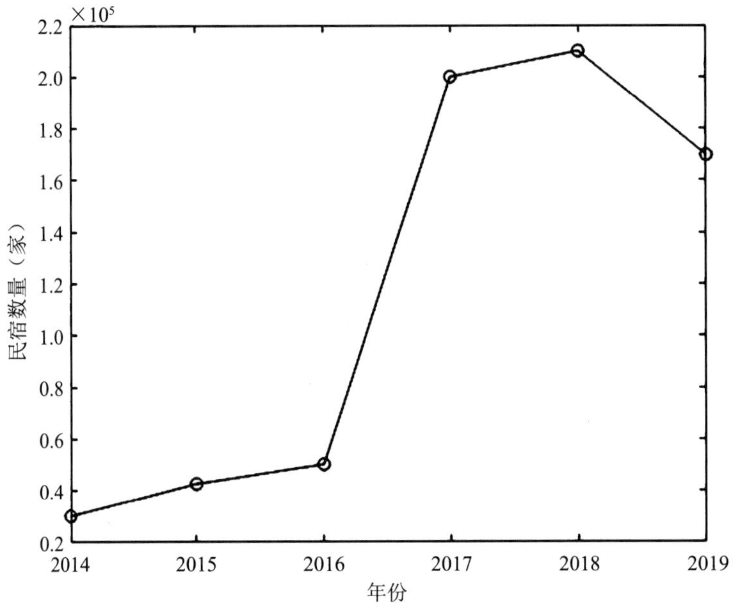

图 4-10　2014—2019 年民宿数量变化

可见，房车自驾游、民宿业等旅游人才需求量较大。同时，随着文旅融合发展，互联网技术、人工智能技术等在旅游产业的深入运用，旅游企业更趋向于需要综合素质好、兼具跨界知识与技能的人才，这对旅游人才培养提出了新的要求。

四、小结

为了科学预测职业院校旅游人才需求规模，为职业院校旅游类专业设置、招生计划制定、人才培养等提供依据，本章在预测前首先对上一年度使用灰色系统 GM（1，1）模型和 Elman 神经网络模型的实效进行了分析，结果显示上年度的预测效果良好，所以本年度继续用这两种模型进行预测。同时，为便于预测算法程序交流，本次使用 MATLAB 编程实现了 GM（1，1）模型和 Elman 神经网络模型。利用历年的中国旅游统计年鉴、中国统计年鉴、中国旅游业发展公报等官方数据以及网络抓取数据，对

① 数据来源：2014—2016年数据为中商产业研究院的数据，2017年数据为中国旅游协会民宿客栈与精品酒店分会发布的《2017 年民宿产业发展研究报告》，2018 年数据出自《2018 中国民宿产业发展研究报告》，2019 年数据来自社会科学文献出版社出版的《中国旅游民宿发展报告（2019）》。

2020—2023 年的职业院校旅游人才总量需求，以及酒店、旅行社、导游及领队、景区的职业院校人才需求规模进行了预测。

预测结果显示，总体来看旅游业人才供需结构性矛盾依旧十分突出；星级酒店和住宿业（限额以上住宿）人才需求逐年下降，但民宿业需求增长较快；酒店管理类、导游及领队毕业生总体供给与需求基本平衡；民宿管理人才、景区运营管理人才供给小于需求，急需大力培养；疫情期间“房车露营、精致小团游、定制旅游、云导游”等发展较快，新业态专业人才短缺；随着深入推进旅游领域数字化、网络化、智能化转型升级，数字化旅游人才需求旺盛，职业院校需加大对旅游新技术人才、复合型人才的培养力度，满足旅游新技术、新业态发展对人才的需求。

第五章　旅游类人才岗位需求预测与质量要求分析

本章主要利用网络爬虫技术抓取招聘信息，采用文本挖掘技术、聚类分析以及鱼骨分析等方法，构建了旅游人才质量词典。利用文本频率分析法对旅行社、酒店、景区三类旅游企业岗位群的人才需求质量进行分析，旨在为职业院校旅游类专业的人才培养提供理论依据和支撑。

一、旅游类人才岗位需求的质量分析框架

为了科学分析旅游企业岗位群需要的人才质量，课题组设计了旅游类人才岗位需求的质量分析框架体系，如图 5-1 所示。该框架体系主要包括数据采集、数据处理、数据分析、结果呈现四个模块。

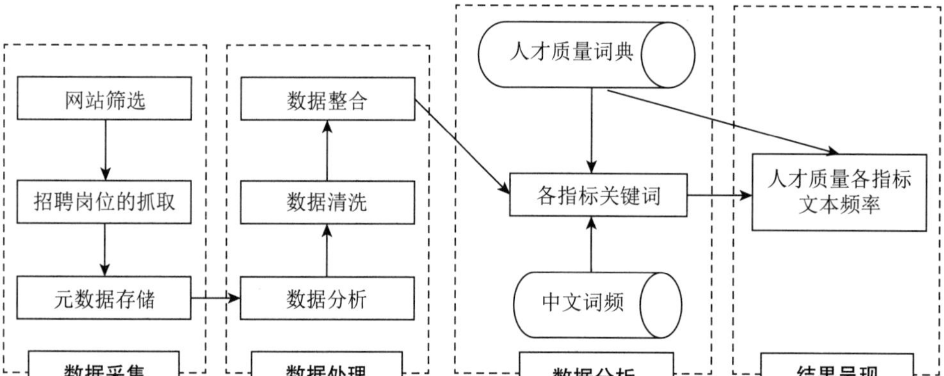

图 5-1　旅游类人才岗位需求的质量分析框架

（一）数据采集模块

为了保证数据的准确性和权威性，课题组通过从 51job、智联招聘、58 同城、最佳东方四个主流招聘平台，利用网络爬虫技术将旅游类企业的主要岗位作为关键词确定数据抓取范围，采集 2020 年 1 月—12 月全年的旅游企业发布的招聘信息，形成元数据并存储。

（二）数据处理模块

该模块的核心是文本挖掘，首先对抓取的文本内容进行清洗和规范，然后使用中文分词技术，筛选出有分析价值的关键词，最后将处理过的关键词进行整合，作为可供正式分析的对象。

（三）数据分析模块

将筛选出来的关键词运用词频分析法、聚类分析以及鱼骨分析等方法实现了旅游人才质量词典的构建，为旅游人才质量分析提供基础。

（四）结果呈现模块

结果呈现阶段是应用挖掘结果解决现实问题的过程，该模块的主要功能是展示文本数据，发布分析结论。本课题将处理模块获得的数据，根据旅游人才质量词典的类目，通过文本频率统计方法分析旅行社、酒店、景区三类旅游企业岗位群的人才需求质量要求。

二、旅游人才质量词典指标体系的构建

（一）旅游类企业的主要岗位覆盖

为了便于数据采集，课题组通过网络调研、企业调研以及抓取的招聘信息对旅游类企业的主要工作岗位群重新进行了梳理，具体覆盖岗位如图 5-2 所示。

（二）旅游人才质量词典类目的构建

1. 企业招聘信息中高频关键词的词频分析

本课题将抓取的招聘信息清洗后，利用中文分词技术加文本频次筛选出有效关键词 296 个。为了全面描述企业对旅游人才质量的要求，本课题采用“词频、词量、累积词频占比法”确定中高频关键词。

图 5-3 是词频和累积词频占比随词量变化情况，x 轴代表词量，可以看出随词量的增加，词频不断降低，累积词频占比不断升高，虚线右侧为低频区；图 5-4 是词频和词量随累积词频占比变化情况，x 轴代表累积词频占比，可以看出随累积词频占比的增加，词频不断降低，词量不断升高，虚线右侧为低频区。结合图 5-3 和图 5-4 进行综合判断，选取频次≥ 680 的关键词作为中高频关键词，其总频次占全部关键词总频次的 82%，共确定出来 60 个中高频的关键词（见表 5-1）。

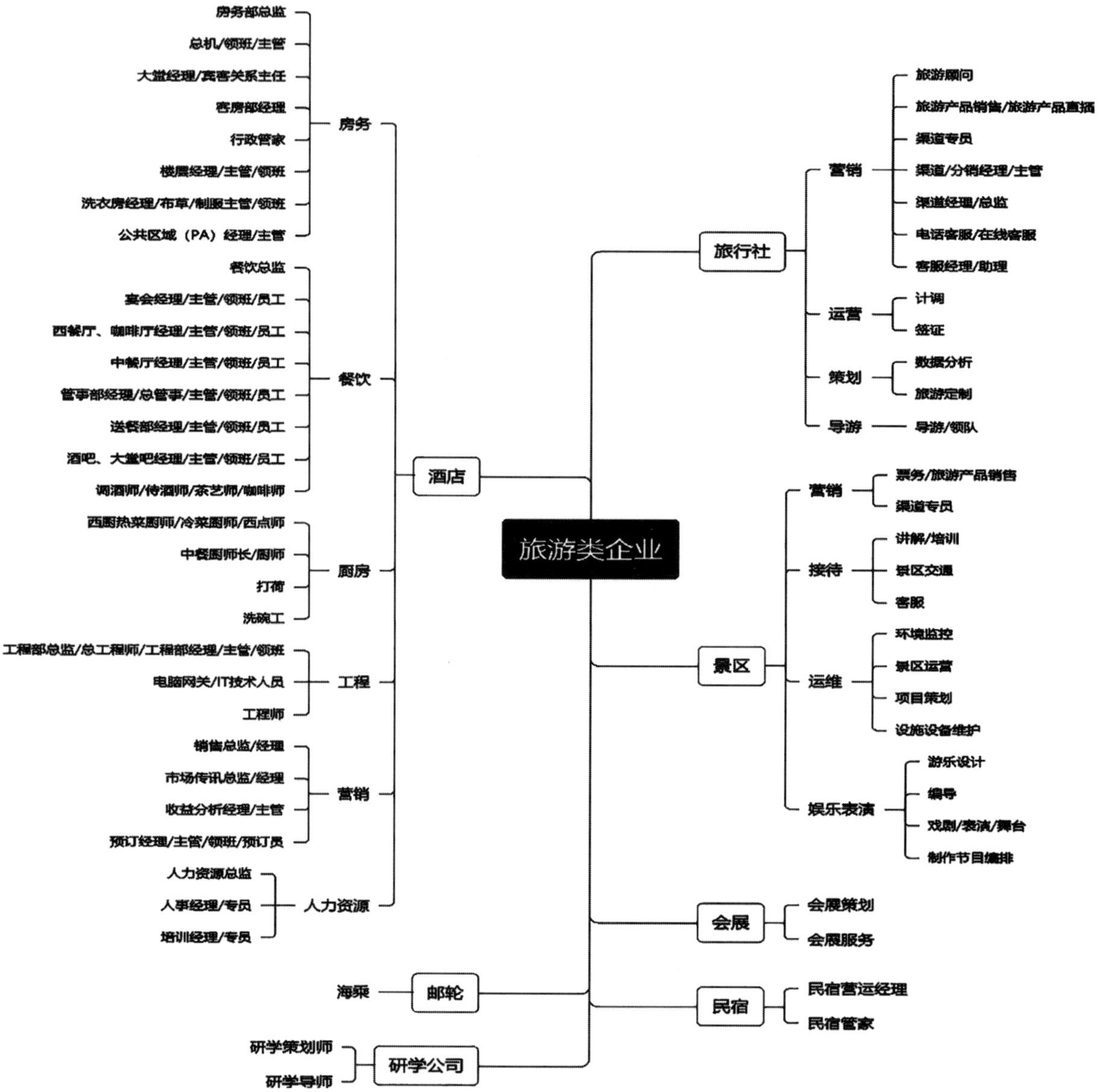

图 5-2　旅游类企业的主要岗位覆盖图

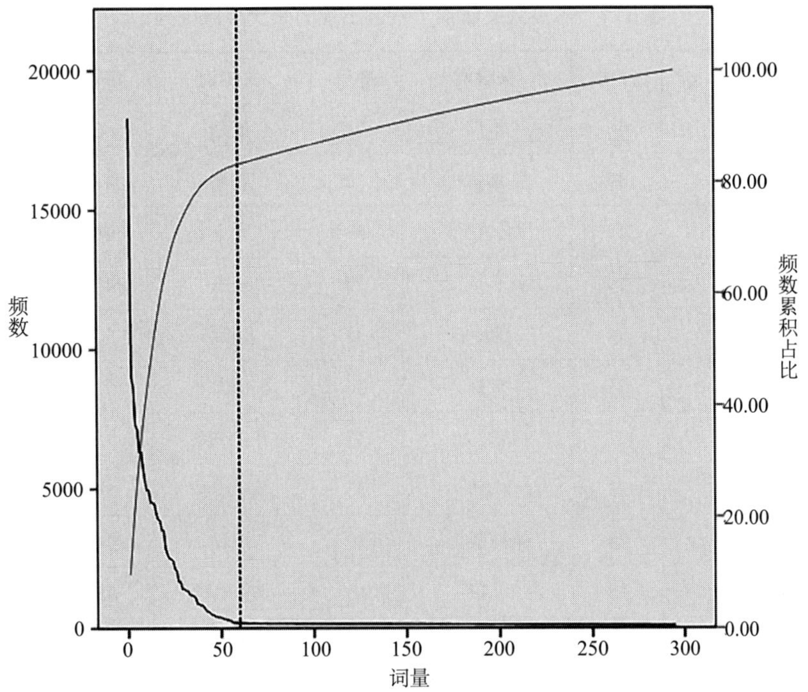

图 5-3　词频和累积词频占比随词量变化情况

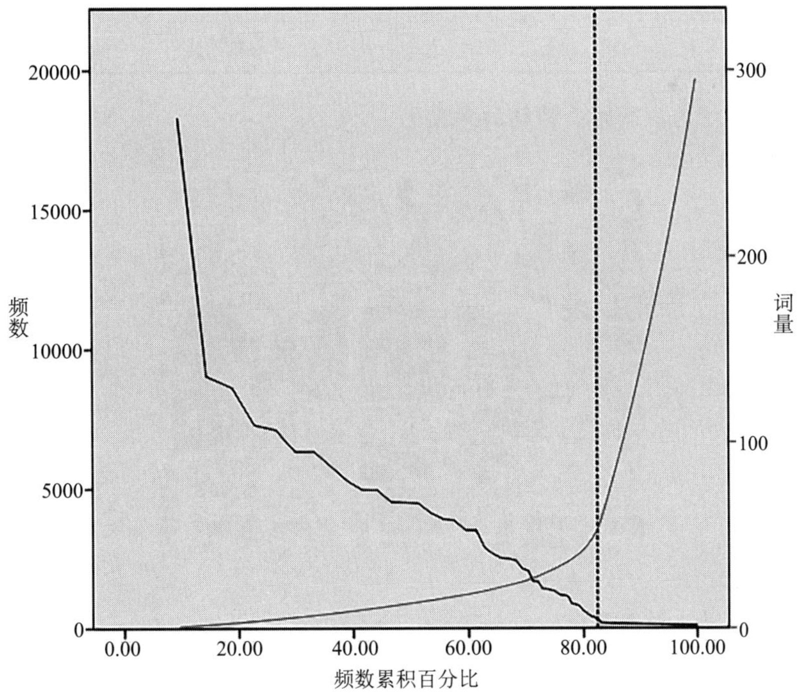

图 5-4　词频和词量随累积词频占比变化情况

表 5-1 中高频关键词（按照出现的频次降序排列）

序号	关键词	序号	关键词	序号	关键词	序号	关键词
1	身体健康	16	推广	31	策划	46	定制
2	团队	17	结算	32	直播	47	诚实守信
3	销售	18	办公软件	33	线上	48	语言表达
4	学习	19	认真负责	34	证书	49	报价
5	服务意识	20	形象好	35	谈判	50	写作
6	合作	21	数据	36	积极向上	51	尊重
7	咨询	22	执行力	37	客户关系	52	人际交往
8	沟通能力	23	协作	38	敬业精神	53	观察
9	气质佳	24	抗压能力	39	理解	54	热爱工作
10	运营	25	礼仪	40	工作热情	55	应变能力
11	技能	26	管理能力	41	总结	56	勇于挑战
12	亲和力	27	专业知识	42	开拓	57	判断
13	渠道	28	创新	43	组织能力	58	领悟
14	性格开朗	29	踏实肯干	44	创意	59	日语
15	设计	30	英语	45	思维敏捷	60	心理健康

2. 企业招聘信息中高频关键词的词云图

3. 招聘信息中高频关键词的共现矩阵

为了厘清中高频关键词之间的归类关系，首先对 60 个中高频关键词进行共词分析，建立 60 × 60 的共现矩阵（见表 5-2）；然后将该共现矩阵导入 SPSS 软件标准化后进行聚类分析。

表 5–2　中高频关键词共现矩阵（部分）

关键词	认真负责	沟通能力	技能	服务意识	客户关系	销售	礼仪	办公软件	合作
认真负责	7515	585	533	559	56	1055	107	252	1127
沟通能力	585	22 369	2712	7260	749	9292	483	1864	3799
技能	533	2712	16 538	2479	279	4354	571	947	1869
服务意识	559	7260	2479	24 757	768	9485	861	1311	4351
客户关系	56	749	279	768	2801	1975	53	170	935
销售	1055	9292	4354	9485	1975	36 982	722	1675	6467
礼仪	107	483	571	861	53	722	5931	286	942
办公软件	252	1864	947	1311	170	1675	286	7604	1207
合作	1127	3799	1869	4351	935	6467	942	1207	23 058

4. 招聘信息中高频关键词的聚类分析

聚类分析是通过对共词关系网络中词与词之间的距离进行数学运算分析，将距离较近的关键词聚集起来，形成一个个概念相对独立的类，使得类间属性相似性最小，类内属性相似性最大的过程。本部分利用的是 K- 均值聚类法。

聚类分析步骤：

第 1 步：指定聚类数目 K：课题组在 2018 年运用主成分分析法，构建人才质量词典指标体系和 2019 年根据专家访谈结果对 2018 年旅游人才质量词典指标体系微调的基础上，结合 2020 年抓取关键词的变化尤其是报价和结算两个新关键词的出现以及多次聚类验证，确定聚类数目由原来的 13 类增加为 14 类。

第 2 步确定 K 个初始类中心：由系统指定 K 个初始类中心，SPSS 会根据样本数据的具体情况选择 K 个有一定代表性的样本作为初始中心点。

第 3 步根据距离最近原则进行聚类：依次计算每个样本数据点到 K 个类中心点的欧氏距离，并按照 K 个类中心点距离最短的原则将所有样本分派，聚成 K 个类。

第 4 步重新确定 K 个类中心：SPSS 计算每个类中各变量的均值，并以均值点作为新的类中心点。

第 5 步迭代计算：重复第 3 步和第 4 步，直到达到指定的迭代次数或终止迭代的判据要求为止。

根据上述计算流程获得中高频关键词的聚类结果（见表 5-3）。

表 5-3 中高频关键词的聚类结果

类	关键词
1	10. 合作 26. 团队 27. 协作
2	5. 客户关系 7. 销售 29. 运营 48. 策划 49. 推广 32. 开拓 56. 渠道
3	23. 身体健康 53. 形象好 54. 气质佳
4	3. 技能 8. 礼仪 17. 证书 15. 专业知识 21. 谈判 24. 写作 30. 咨询
5	4. 服务意识 11. 亲和力 13. 尊重
6	25. 学习 38. 观察 39. 注意力 41. 总结 42. 理解 43. 领悟 50. 判断 58. 思维敏捷
7	19. 执行力 28. 应变能力 31. 管理能力 36. 组织能力
8	2. 沟通能力 12. 人际交往 16. 语言表达
9	40. 性格开朗 14. 抗压能力 35. 心理健康 55. 积极向上 59. 勇于挑战
10	1. 认真负责 20. 踏实肯干 22. 工作热情 33. 热爱工作 34. 诚实守信 52. 敬业精神
11	37. 创新 44. 创意 45. 设计 51. 定制
12	9. 办公软件 46. 直播 47. 数据
13	39. 报价 60. 结算
14	18. 英语 57. 日语

5. 旅游人才质量词典的构建

课题组根据 2018 年、2019 年人才质量词典指标体系，结合本年度抓取高词频的变化以及专家访谈结果，将 14 类中高频关键词分别总结为：1. 团队协作能力 2. 营销能力 3. 身体素质 4. 专业知识与技能 5. 服务意识 6. 终身学习能力 7. 管理组织能力 8. 人际交往与沟通能力 9. 心理素质 10. 职业道德与责任感 11. 创新能力 12. 信息技术应用能力 13. 财务知识与应用能力 14. 外语应用能力，形成旅游人才质量词典的三级指标体系（见图 5-5），同时经过多次调研和文献分析最终将 14 个三级指标体系归纳为职业素质和知识与能力两个二级指标，则旅游人才质量词典构建完成（见表 5-4）。

本次建立的旅游人才质量词典与 2019 年《基于职业教育视角的中国旅游人才供给与需求的研究报告》中的人才质量词典的差别主要体现在：

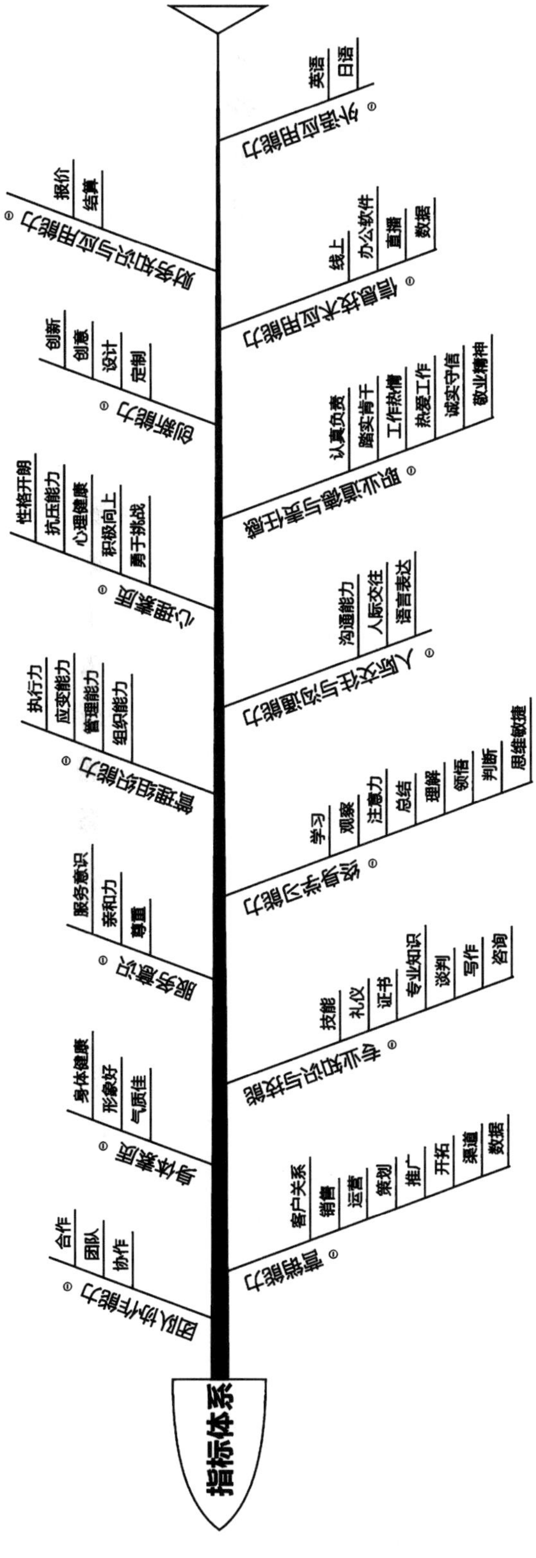

图 5-5　旅游人才质量词典的关键词鱼骨分析图

表 5-4 旅游人才质量词典

一级指标	二级指标	三级指标	关键词
旅游人才质量	职业素质	A 职业道德与责任感	A1 认真负责 A2 踏实肯干 A3 工作热情 A4 热爱工作 A5 诚实守信 A6 敬业精神
		B 身体素质	B1 身体健康 B2 形象好 B3 气质佳
		C 心理素质	C1 性格开朗 C2 抗压能力 C3 心理健康 C4 积极向上 C5 勇于挑战
		D 服务意识	D1 服务意识 D2 亲和力 D3 尊重
		E 人际交往与沟通能力	E1 沟通能力 E2 人际交往 E3 语言表达
		F 创新能力	F1 创新 F2 创意 F3 设计 F4 定制
		G 终身学习能力	G1 学习 G2 观察 G3 注意力 G4 总结 G5 理解 G6 领悟 G7 判断 G8 思维敏捷
		H 团队协作能力	H1 合作 H2 团队 H3 协作
	知识与能力	I 专业知识与技能	I1 技能 I2 礼仪 I3 证书 I4 专业知识 I5 写作 I6 咨询 I7 谈判
		J 财务知识与应用能力	J1 报价 J2 结算
		K 外语应用能力	K1 英语 K2 日语
		L 信息技术应用能力	L1 线上 L2 办公软件 L3 直播 L4 数据
		M 营销能力	M1 客户关系 M2 销售 M3 运营 M4 策划 M5 推广 M6 开拓 M7 渠道 M8 数据
		N 管理组织能力	N1 执行力 N2 应变能力 N3 管理能力 N4 组织能力

（1）确定的中高频关键词略有不同。2019 年确定的关键词中的网页、小语种、专业对口、人文知识、注意力、抗挫能力、服务技巧七个关键词作为低频词被删掉；线上、直播、报价、结算、定制、写作、谈判这七个关键词成为新增加的中高频词。2020 年“线上”“直播”两个关键词出现频率很高，究其原因主要是由于疫情，许多旅行社和景区都开辟了网上商城、网上直播间、虚拟游等网络手段进行旅游营销，因此要求从业人员具备较高的信息化应用知识。“定制”出现的频率较高以及旅游定制岗位的出现，是因为疫情防控推动了家庭游、小包游、情侣游，疫情加速了国内旅游“小团时代”的来临。携程发布的“2020 国庆新跟团复兴报告”显示，小规模、私密、自由的小型“私家团”成为跟团旅游的“新常态”，因此在招聘人才时提出定制线路的能力。

（2）旅游人才质量词典的三级指标体系略有改动。一是，将计算机能力改为信息技术应用能力。调研显示，旅游企业对从业人员要求不仅仅是会操作办公软件，更重要的是熟练掌握各种自媒体平台、OTA 平台的应用，以及利用软件对市场数据进行分析的基本能力。二是，新增了财务知识与应用能力。利用爬虫技术，抓取的招聘信息清洗和规范后，根据“报价”“结算”两个关键词的出现以及聚类分析的结果，新增了一个三级指标财务知识与应用能力。作为旅游企业的从业人员需要具备基本财务能力。

（3）旅游人才质量词典的二级指标体系发生变化。经过大量文献查阅和多方调研，课题组对二级指标体系进行了重新梳理，将终身学习能力和团队协作能力调整为职业素质。

三、旅游企业岗位需求预测与人才质量要求分析

（一）旅行社企业岗位需求预测与人才质量要求分析

1. 岗位需求预测

旅行社企业岗位群主要分四类：营销、运营、策划、导游（见图 5-2）。

根据南京奥派公司在 51job、智联招聘、58 同城、最佳东方四大主流平台抓取的旅行社招聘数据，全国 2020 年同比 2019 年下降了 71%。根据数据分析发现，营销岗位群需求量最大，占比达 63.49%；导游岗位群占比为 13.49%；运营类岗位群占比为 20.33%，策划岗位群仅占 2.68%，具体见图 5-6。与 2019 年相比，签证岗位和领队岗位招聘占比大幅度下降，究其原因主要是新冠疫情导致旅行社出境游的业务量大幅缩减。

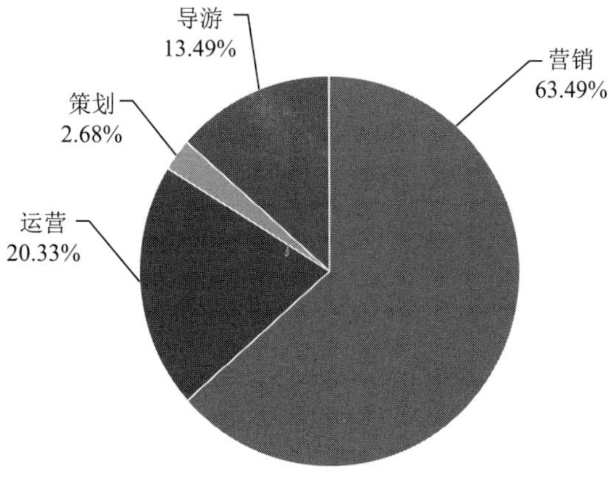

图 5-6　旅行社四类岗位群招聘数量的比例

2. 人才质量要求分析

根据旅游人才质量词典指标体系，对三级指标关键词的文本频率进行统计，分析旅行社企业营销、运营、导游、策划四类岗位群的人才质量要求。

（1）营销岗位群的人才质量要求分析

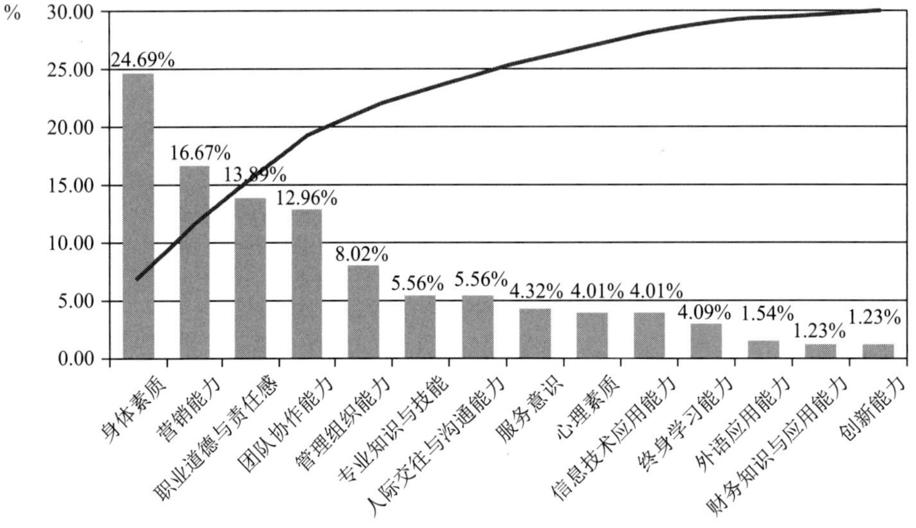

图 5-7　营销岗位群招聘人才质量要求的文本频率

根据图 5-7 可知，营销岗位群人才质量要求：职业素质方面企业最注重的是身体素质、职业道德与责任感和团队协作能力；知识与能力方面最重视的是营销能力、管理组织能力和专业知识与技能。

（2）运营岗位群的人才质量要求分析

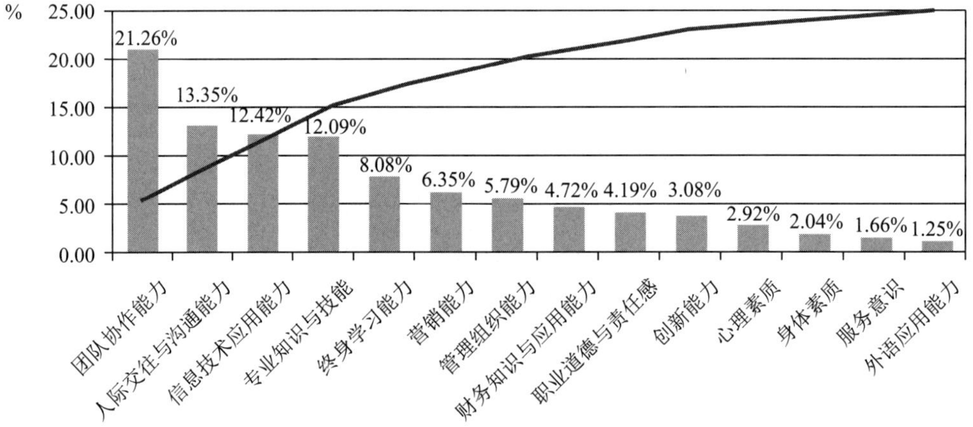

图 5-8　运营岗位群招聘人才质量要求的文本频率

根据图 5-8 可知，运营岗位群人才质量要求：职业素质方面企业最注重的是团队协作能力、人际交往与沟通能力和终身学习能力；知识与能力方面中企业最关注的是信息技术应用能力、专业知识与技能和营销能力。

（3）导游岗位群的人才质量要求分析

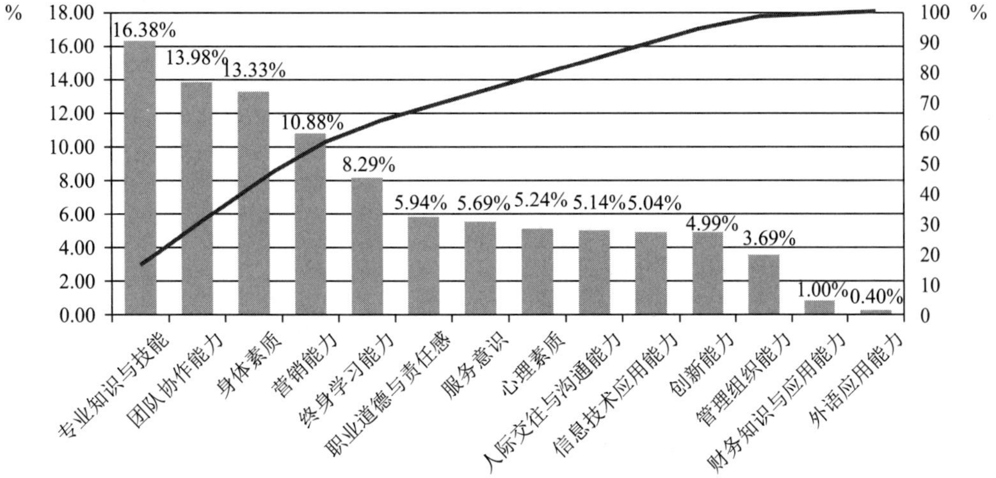

图 5-9　导游岗位群招聘人才质量要求的文本频率

根据图 5-9 可知，导游岗位群的人才质量要求：职业素质中企业最关注的前三位是团队协作能力、身体素质和终身学习能力；知识与能力方面企业最关注的前三位是专业知识与技能、营销能力和信息技术应用能力，其中专业知识与技能在质量词典里包含导游资格证书，在抓取的招聘信息的要求中，导游岗位一般都要求有资格证书，而领队对外语应用能力有较高要求，而图 5-9 中对外语应用能力的要求很低原因是 2020 年的出境游业务基本暂停，抓取的招聘信息中领队岗位的招聘人数非常少。

（4）策划岗位群的人才质量要求分析

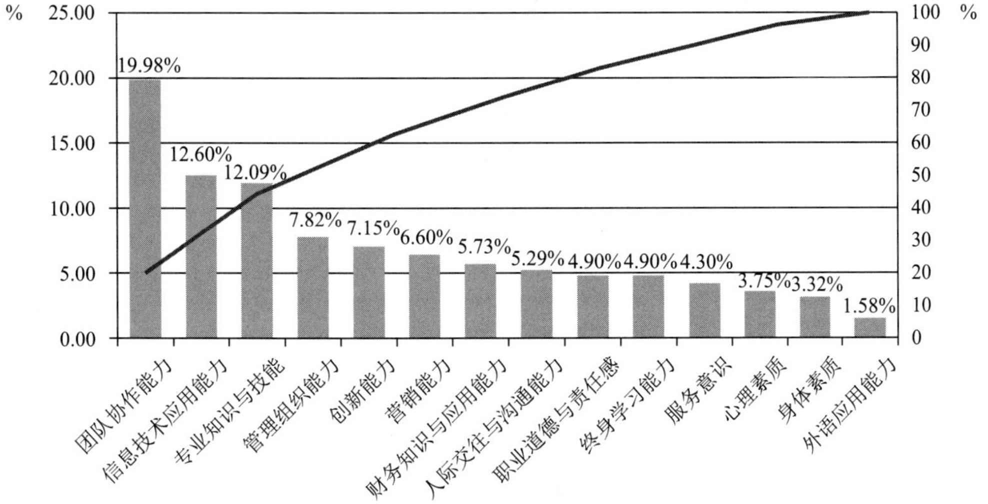

图 5-10　策划岗位群招聘人才质量要求的文本频率

根据图 5-10 可知，策划岗位群的人才质量要求：职业素质方面企业重视的前三位是团队协作能力、创新能力和人际交往与沟通能力；对知识与能力方面重视的前三位是信息技术应用能力、专业知识与技能、管理组织能力。

3. 旅行社企业四类岗位群人才质量要求的雷达图

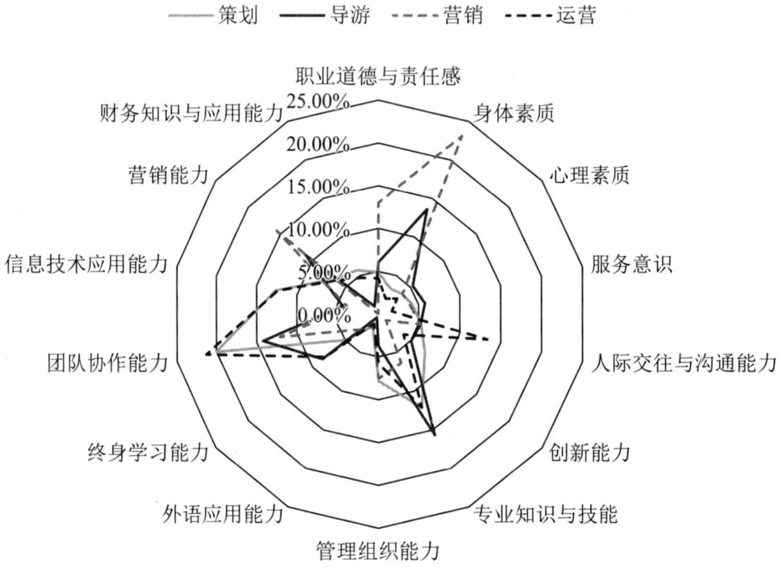

图 5-11　旅行社四类岗位群人才质量要求雷达图

4. 旅行社企业四类岗位群人才质量要求的共性与个性分析

表 5-5　旅行社四类岗位群的人才质量要求排序分析

人才质量要求	营销	运营	导游	策划
职业素质（前三位）	身体素质	团队协作能力	团队协作能力	团队协作能力
	职业道德与责任感	人际交往与沟通能力	身体素质	创新能力
	团队协作能力	终身学习能力	终身学习能力	人际交往与沟通能力
知识与能力（前三位）	营销能力	信息技术应用能力	专业知识与技能	信息技术应用能力
	管理组织能力	专业知识与技能	营销能力	专业知识与技能
	专业知识与技能	营销能力	信息技术应用能力	管理组织能力

根据表 5-5 分析，旅行社四类岗位群的人才质量中职业素质方面的共性要求是团队协作能力、身体素质、人际交往与沟通能力和终身学习能力；知识与能力方面的共性要求是专业知识与技能、营销能力和信息技术应用能力。区别于 2019 年的需求主要

体现如下：

（1）职业素质模块中，企业对各岗位群的职业素质要求中，身体素质的位次都得到明显提升。新冠疫情让企业更加关注招聘的人才的身体素质。

（2）知识与能力模块中，各岗位群对营销能力和信息技术应用能力的要求提高了。由世界旅游城市联合会与中国社科院旅游研究中心共同研究编制的《世界旅游经济趋势报告（2021）》中提到，疫情加速了旅游业向数字化和智能化应用的普及，数字化营销的作用将越来越凸显。

因此在制订专业人才培养方案时，要重视职业岗位变化，实现人才培养规格与企业用人规格的契合，职业院校应按照岗位群素质、知识、能力的共性需求和个性需求，根据岗位群设置课程、制订课程标准，按照岗位工作任务设计学习任务，努力探索教、学、做一体的人才培养模式，同时在教育部 1+X 证书制度要求下培养学生对职业从业资格证书的认同，积极获得导游资格证书、旅游营销师、研学导师等证书，提高就业的质量。

（二）酒店企业岗位需求预测与人才质量要求分析

1. 岗位需求预测

酒店企业岗位群主要分六类：前厅、客房、餐饮、工程、营销、人力资源。

根据南京奥派公司在 51job、智联招聘、58 同城、最佳东方四大主流平台从 2020 年 1 月—12 月抓取的招聘信息分析，2020 年酒店企业招聘员工的数量同比 2019 年下降了 68%。但用人需求最多的三个岗位群仍然是餐饮、前厅、客房，但是只占到酒店总招聘数量的 62%，同比 2019 年下降了 25%。其中餐饮岗位群需求人才数量仍然最多（见图 5-12）。而餐饮岗位群的中西餐厨师、调酒师、茶艺师、侍酒师等有技能要求的岗位需求量较大，占到餐饮岗位群招聘数量的 40%。

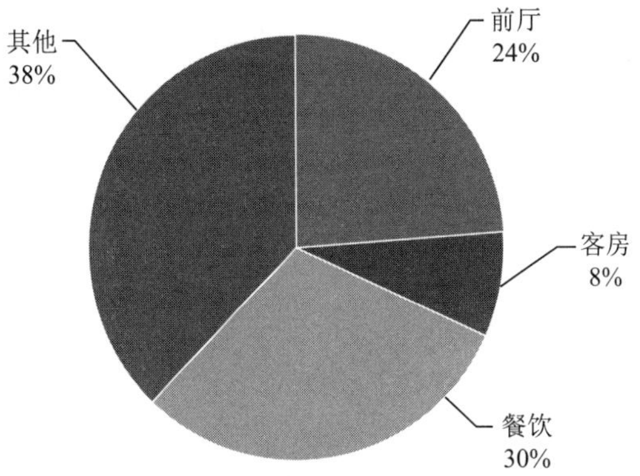

图 5-12　酒店三类岗位群招聘数量的比例

2. 人才质量要求分析

根据旅游人才质量词典指标体系，对三级指标的关键词的文本频率进行统计，分析酒店前厅、客房、餐饮三类岗位群的人才质量要求。

（1）前厅岗位群的人才质量要求分析。

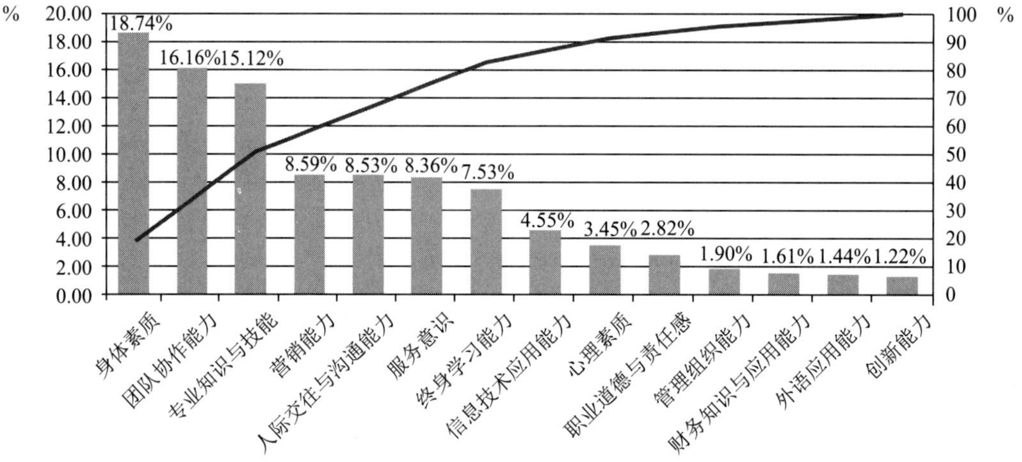

图 5-13　前厅岗位群招聘人才质量要求的文本频率

由图 5-13 可得，前厅岗位群人才质量要求：职业素质方面中企业最重视的是身体素质、团队协作能力和人际交往与沟通能力；知识与能力方面最重视的是专业知识与技能、营销能力和信息技术应用能力。

（2）客房岗位群的人才质量要求分析。

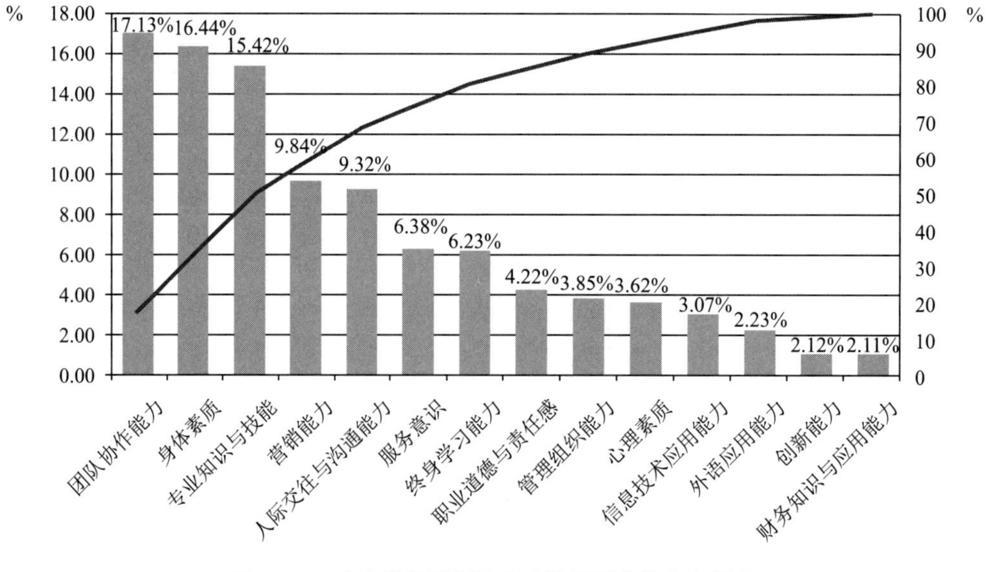

图 5-14　客房岗位群招聘人才质量要求的文本频率

由图 5-14 可知，客房岗位群人才质量要求：职业素质方面企业最重视的是团队协作能力、身体素质和人际交往与沟通能力；知识与能力方面最重视的是专业知识与技能、营销能力和管理组织能力。

（3）餐饮岗位群的人才质量要求分析。

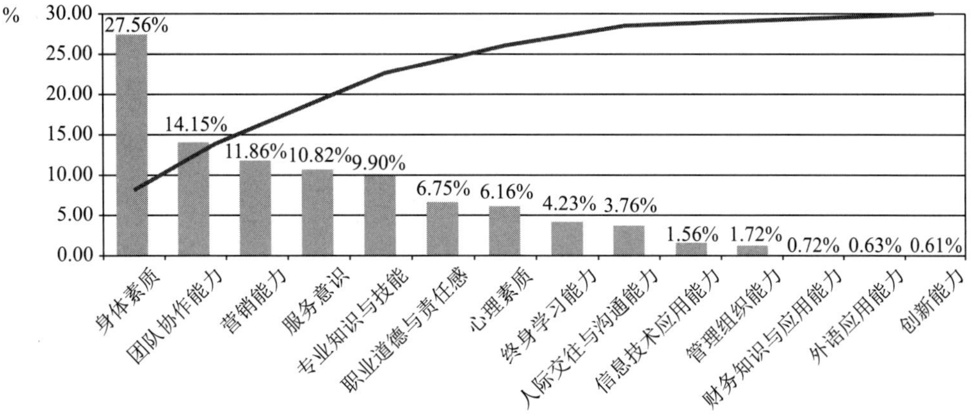

图 5-15　餐饮岗位群招聘人才质量要求的文本频率

由图 5-15 可知，餐饮岗位群的人才质量要求：职业素质方面企业最重视的是身体素质、团队协作能力和服务意识；知识与能力方面最重视的是营销能力、专业知识与技能和信息技术应用能力；作为餐饮岗位群中的中西餐厨师、调酒师、茶艺师、侍酒师不仅需要有专业证书，也需要具备终身学习能力不断地学习新的技能。

3. 酒店企业三类岗位群人才质量要求的雷达图

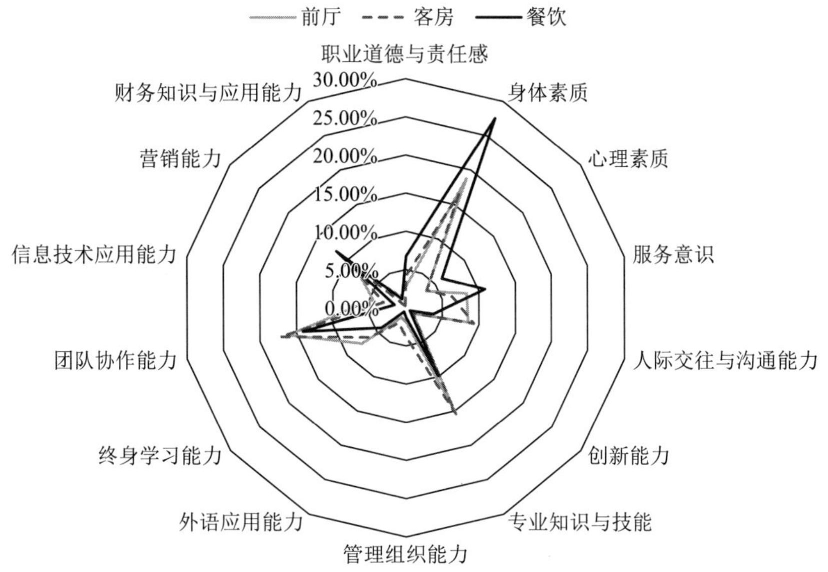

图 5-16　酒店三类岗位群需求人才质量要求的雷达图

4. 酒店企业三类岗位群人才质量要求的共性与个性分析

表 5-6　酒店三类岗位群的人才质量要求排序分析

人才质量要求	前厅	客房	餐饮
职业素质（前三位）	身体素质	团队协作能力	身体素质
	团队协作能力	身体素质	团队协作能力
	人际交往与沟通能力	人际交往与沟通能力	服务意识
知识与能力（前三位）	专业知识与技能	专业知识与技能	营销能力
	营销能力	营销能力	专业知识与技能
	信息技术应用能力	管理组织能力	信息技术应用能力

从表 5-6 可以看出，酒店三类岗位群人才质量要求中职业素质和知识与能力方面是共性的。职业素质方面最关注身体素质和团队协作能力；知识与能力方面都要求专业知识与技能和营销能力；区别于 2019 年的需求主要体现在职业素质方面，身体素质成为企业招聘人才最关注的素质指标，知识与能力方面信息技术应用能力的关注度得到提高。

根据以上分析在制订酒店管理专业人才培养方案时，要重视共性的素质、知识、能力培养，实现人才培养规格与企业用人需求的统一。职业院校应按照三类岗位群的个性需求，根据岗位职业标准设置课程、制订课程标准，按照岗位工作任务设计学习任务，积极探索教、学、做一体的人才培养模式。同时在教育部 1+X 证书制度要求下培养学生对职业从业资格证书的认同，积极获得中西餐厨师、调酒师、侍酒师、茶艺师等证书，提高就业的质量。

（三）景区企业岗位需求预测与人才质量要求分析

1. 岗位需求预测

景区企业岗位群主要分为四类：景区接待、景区营销、景区运维、娱乐表演（见图 5-2）。其中，娱乐表演不属于本课题专业研究范围，因此不做分析。

根据四大招聘网站抓取的数据分析，2020 年景区企业招聘员工的数量同比 2019 年下降了 90%。景区接待类岗位，占比 58%，景区营销岗位占比为 37%，景区运维类岗位仅占 4%，见图 5-17。

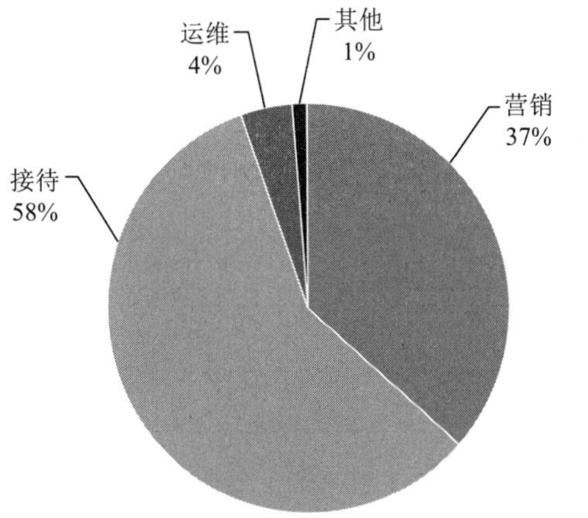

图 5-17　景区企业三类岗位招聘数量的比例

2. 景区企业三类岗位群人才质量要求分析

根据旅游人才质量词典指标体系，对三级指标的关键词的文本频率进行统计，分析景区企业三类岗位群人才质量要求。

（1）景区接待岗位群的人才质量要求分析。

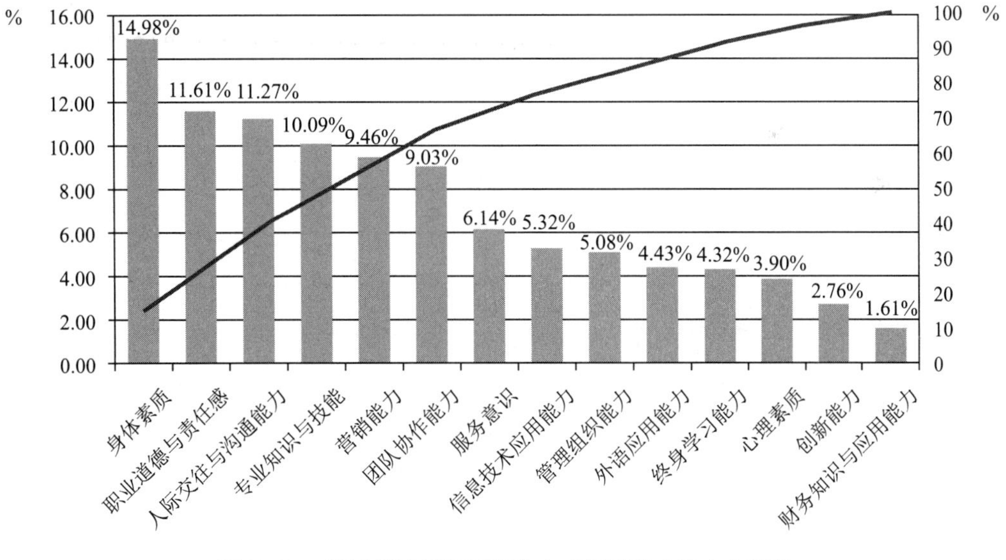

图 5-18　景区接待岗位群招聘人才质量要求的文本频率

由图 5-18 可知，景区接待岗位群人才质量要求：职业素质模块中企业最重视的是身体素质、职业道德与责任感和人际交往与沟通能力；知识与能力模块中企业最重视的是专业知识与技能、营销能力和信息技术应用能力。

（2）景区营销岗位群的人才质量要求分析。

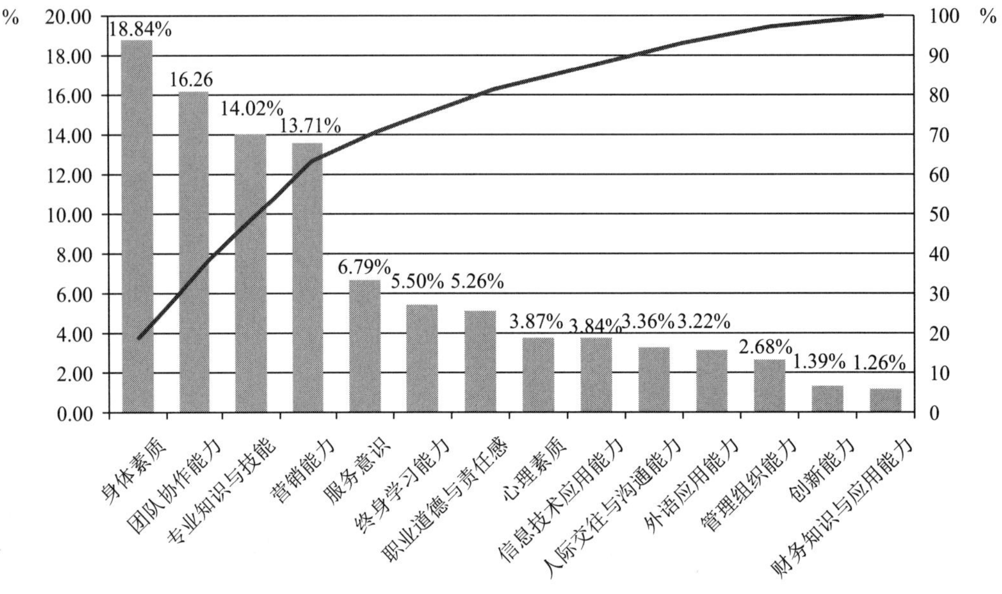

图 5-19 景区营销岗位群招聘人才质量要求的文本频率

由图 5-19 可知，景区营销岗位群人才质量要求：企业重视的职业素质模块前三位是身体素质、团队协作能力和服务意识；企业关注的知识与能力模块前三位是专业知识与技能、营销能力和信息技术应用能力。

（3）景区运维岗位群的人才质量要求分析。

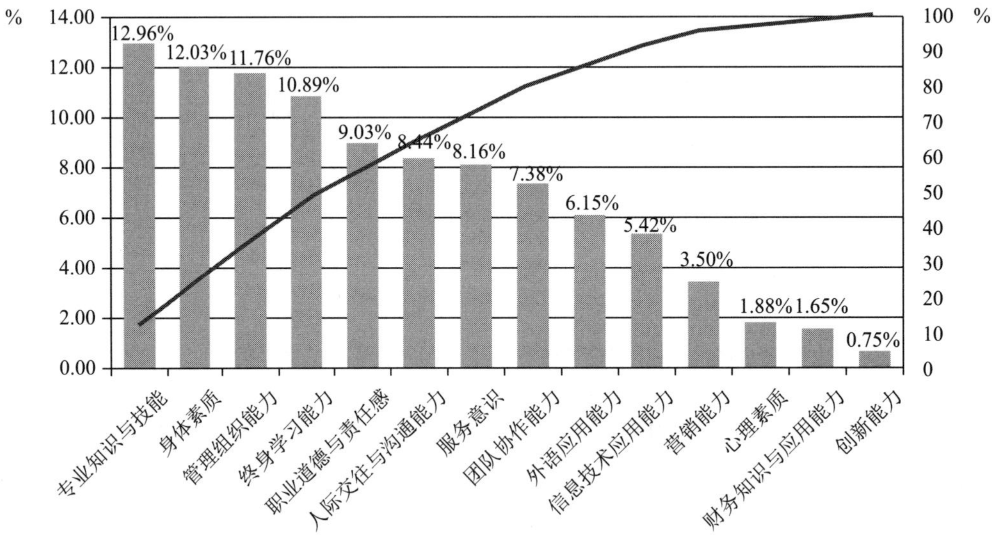

图 5-20 景区运维岗位群招聘人才质量要求的文本频率

由图 5-20 可知，景区运维岗位群人才质量要求：职业素质模块企业重视的前三位是身体素质、终身学习的能力和职业道德与责任感；知识与能力模块重视的前三位是专业知识与技能管理组织能力和外语应用能力。

3. 景区企业三类岗位群需求人才质量要求的雷达图

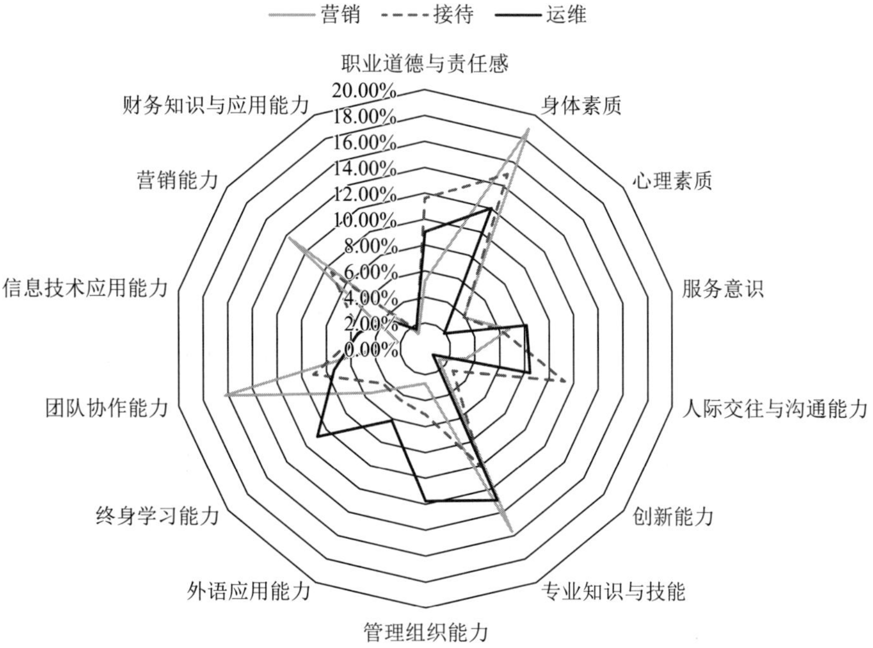

图 5-21　景区企业三类岗位群需求人才质量要求雷达图

4. 景区企业三类岗位群人才质量要求的共性与个性分析

表 5-7　景区三类岗位群的人才质量要求排序分析

人才质量要求	接待	营销	运维
职业素质（前三位）	身体素质	身体素质	身体素质
	职业道德与责任感	团队协作能力	终身学习的能力
	人际交往与沟通能力	服务意识	职业道德与责任感
知识与能力（前三位）	专业知识与技能	专业知识与技能	专业知识与技能
	营销能力	营销能力	管理组织能力
	信息技术应用能力	信息技术应用能力	外语应用能力

从表 5-7 所示，景区企业三类岗位群人才质量要求虽然各有侧重点，在职业素质方面共性的要求是身体素质和职业道德与责任感，个性要求因岗位不同，有要求人际

交往与沟通能力或服务意识或终身学习能力。在知识与能力方面共性的要求主要集中在专业知识与技能、营销能力和信息技术应用能力。

所以景区开发与管理专业需要一支专业能力较强的师资队伍，在制订人才培养方案时，要关注岗位的变化，重视共性和个性问题。尤其是要关注智慧景区的发展，将景区管理的预约化、智能化、数字化相关知识和技能纳入课程体系，并根据景区岗位群的职业标准制订课程标准，按照岗位群典型工作任务设计学习任务，实现人才培养规格与企业用人规格的高度契合。

四、小结

2020 年被称为中国“旅游直播元年”，旅行社、酒店、景区开辟网上商城、直播带货、直播营销，成为许多旅游企业“自救”的重要途径，也扩大自身的知名度。全媒体营销师也成了中国就业培训技术指导中心发布的新增 10 个职业之一。在本课题抓取的旅游企业招聘信息中也出现了“直播”“主播”等关键词。

本章主要利用网络爬虫技术抓取招聘信息，采用文本挖掘技术、聚类分析以及鱼骨分析等方法，构建了旅游人才质量词典。利用文本频率分析法对旅行社、酒店、景区三类旅游企业岗位群的人才需求质量进行分析发现：在知识与能力方面，大多数岗位群对营销能力和信息技术应用能力的要求提高了，这也与在线营销的兴起相契合；职业素质方面，大多数岗位群企业最重视的是身体素质，这与2020年全年疫情防控下，全民注重身体健康的社会氛围相一致；除了身体素质，对素质的要求主要集中在团队协作能力、人际交往与沟通能力以及终身学习能力等，这也与旅游行业个性化、定制化、预约化的发展趋势相一致。同时，疫情防控的常态化也要求注重加强旅游从业者公共卫生应急救援技能培训，提高旅游从业者应急救援能力。

本章分析旨在为职业院校旅游类专业设置以及招生计划的制订提供依据，对旅游管理专业、旅行社经营与管理专业、酒店管理专业、景区开发与管理专业人才培养方案的制订及修订提供理论指导和支撑。

第六章　存在的主要问题与对策建议

近年来国家高度重视职业教育的发展，职业教育在政策方面持续利好，现代职业教育体系日益完善，职业教育规模不断扩大。回顾2020年，出台的促进职业教育发展的政策文件很多，如2020年1月教育部办公厅发布了《教育部产学合作协同育人项目管理办法》；2020年7月教育部办公厅等六部门发布《关于做好2020年高职扩招专项工作的通知》；2020年8月教育部办公厅发布《关于做好职业教育专业目录修（制）订工作的通知》；2020年9月教育部等九部门印发了《职业教育提质培优行动计划（2020—2023年）》等。这一系列政策文件的出台，大大加快了我国职业教育现代化步伐，促使职业教育规模、结构更加合理，职业学校的办学能力、服务力、贡献力更加彰显。但2020年由于受新冠疫情影响，旅游业发展受到重创，旅游企业用工明显减少，职业院校旅游类专业学生就业压力明显增大，旅游职业教育人才供需矛盾依旧突出。

一、存在的主要问题

根据2020年旅游企业人力资源状况和职业院校旅游类人才培养状况的调研情况，课题组发现中国旅游职业教育人才供给与需求存在以下主要问题：

1. 旅游职业教育人才培养与旅游企业需求存在结构性矛盾

2020年下半年，旅游行业呈现出诸多新特点：旅游直播＋带货模式成为推动旅游行业复苏的新引擎，微视频等线上宣传成为影响游客消费的重要渠道；国内休闲度假旅游市场需求容量庞大且增长潜力日增；极富地域色彩的旅游文化产品越来越受青睐，健康旅游、生态休闲游、养生旅游和体育旅游成为新的旅游消费方式；人工智能所带来的人力资源成本的减少导致传统旅游从业者生存空间不断被挤压。旅游企业人才需求对以数字化、创新型、复合型人才日益增强。而目前旅游职业教育人才培养主要以传统的酒店管理、旅游管理等专业为主，旅游职业教育供需结构性矛盾依旧突出，旅游职业教育人才供给如何有效满足新时代旅游业高质量发展对数字化、创新型、复合型技术技能人才的需求成为亟须破解的难题。

2. 旅游职业教育专业设置缺乏动态优化机制，专业链对接产业链发展滞后

大数据时代，新兴旅游企业层出不穷，游客对于旅游的定位以及旅游产业自身的定位发生改变，产品融合导致跨界行业增加，这些变化给旅游职业教育改革和专业设置动态优化等方面提出了新的要求。课题组调研结果显示，2020 年，各院校招生专业结构总体差别不大，仍以传统专业为主，新专业开设较少，专业链对接产业链发展滞后。课题组预测结果显示，如民宿业需求增长较快，急需民宿管理与运营人才；随着智慧旅游景区、数字化博物馆、数字化展览馆加快建设，急需一大批智慧旅游技术应用人才。因此，当前亟须建立并完善专业设置动态优化机制，定期发布专业吻合度报告，促进专业链与产业链的无缝对接。

3. 产教融合深度不够、成效不显著

课题组的企业调研结果显示，企业对产教融合成效满意度不高。旅游院校调研结果显示，传统校企合作方式“提供实习基地”仍是大部分院校选择的模式，只有不到三分之一的院校开展了“现代学徒制”和“订单班”人才培养模式，并且有些院校，“订单”培养仅仅徒有虚名，企业对“订单式”人才培养模式认知不够、参与不足，出现期望值过高、收效很低的结果，对学生培养质量提升效果不显著。因此，政策、企业、学校三方应继续联手而行，进一步推进深度产教融合，提升人才培养质量。

针对上述问题，结合国家职业教育相关文件精神，课题组从政府层面、行业企业层面及院校层面提出相应的对策建议。

二、对策建议

（一）政府层面

据课题组不完全统计，2020 年国家出台促进职业教育发展的政策文件共计 47 个，具体如表 6-1 所示。可以看出，2020 年，全面贯彻落实《国家职业教育改革实施方案》（国发〔2019〕4 号），并按照办好新时代职业教育施工图有序推进，其中，2020 年出台的《职业教育提质培优行动计划（2020—2023 年）》，更是聚焦重点、疏通堵点、破解难点，将“职教 20 条”部署的改革任务转化为举措和行动，推动中央、地方和学校同向同行，形成因地制宜、比学赶超的工作格局，整体推进职业教育提质培优[①]。我国职业教育正向着多元办学格局、内涵质量提升和专业特色鲜明的类型教育转变。面对新形势下对职业教育的新要求，以及疫情对旅游业的影响，如何更好地贯彻落实国

① 教育部相关负责人就《职业教育提质培优行动计划（2020—2023 年）》答问［EB/OL］.［2020-09-29］. http://www.gov.cn/zhengce/2020-09/29/content_5548114.htm.

家职业教育相关文件精神，推动中国旅游职业教育高质量发展，为促进旅游业发展提供优质的旅游职教人才支撑，是教育主管部门、旅游主管部门的重点工作，结合国家政策和课题组调研发现的问题，提出以下建议：

1. 加快推进旅游职业教育行业指导委员会建设工作

首先，为贯彻落实"职教20条"，进一步加强行业指导，根据教育部办公厅发布《关于推荐全国行业职业教育教学指导委员会（2020—2024年）委员的通知》，加快推进新一届旅游职业教育教学指导委员会建设工作，更好地指导全国旅游职业教育高质量发展。

其次，为切实发挥旅游职业教育行业指导委员会的职能，在立足于全面加强行业指导职能的同时，建议重点加强以下工作：一是关注人才供给与需求研究，发挥旅游职业教育行业指导委员会与行业、产业联系紧密的优势，建立旅游专业设置动态调整机制，在旅游行业人力资源需求预测、就业形势分析、专业预警等方面多做工作；二是加强校企合作、产教融合，采取切实有效的举措推进产教融合、校企合作，充分调动行业内企业参与旅游职业教育的主动性、积极性；三是发挥研究评价作用，使旅游职业教育行业指导委员会成为职业教育政策制定的"智囊团"、校企合作的"连心桥"和职业院校高质量发展的"助推器"，提升我国旅游职业教育的整体水平。

最后，建立国家和省级层面的旅游职业教育政、校、企、行的专家联席会议制度，听取专家意见，交流旅游职业教育发展中的难点、热点、瓶颈问题；定期发布相关研究成果，促进旅游产业与旅游职业教育相互融合、健康发展。

表6-1　2020年出台职业教育文件一览表

序号	文件名称	发文时间	发文机构	发文字号
1	关于印发《教育部产学合作协同育人项目管理办法》的通知	2020年1月8日	教育部办公厅	教高厅〔2020〕1号
2	关于职业技能等级证书信息管理服务平台和职业教育国家学分银行信息平台试运行工作的通知	2020年1月11日	教育部职业教育与成人教育司	教职成司函〔2020〕4号
3	关于公布2020年高等职业教育专业设置备案和审批结果的通知	2020年1月13日	教育部	教职成函〔2020〕1号
4	关于印发《中等职业学校思想政治、语文、历史课程标准（2020年版）》的通知	2020年1月19日	教育部	教材〔2020〕2号

续表

序号	文件名称	发文时间	发文机构	发文字号
5	关于确认参与1+X证书制度试点的第三批职业教育培训评价组织及职业技能等级证书的通知	2020年1月22日	教育部职业技术教育中心研究所	教职所〔2020〕21号
6	关于在院校实施的职业技能等级证书考核成本上限设置方案的公告	2020年1月22日	教育部职业技术教育中心研究所	教职所〔2020〕22号
7	关于在疫情防控期间充分利用职业教育专业教学资源库组织好职业院校在线教学活动的通知	2020年2月11日	教育部职业教育与成人教育司	教职成司函〔2020〕5号
8	关于进入产业导师资源库的部分职业院校、企业技术技能大师名单的公示	2020年2月17日	教育部职业技术教育中心研究所	教职所〔2020〕25号
9	关于《职业技能等级标准开发指南（征求意见稿）》公开征求意见的公告	2020年3月2日	教育部职业技术教育中心研究所	教职所〔2020〕41号
10	关于发布职业技能等级证书编码规则（试行）及证书参考样式的公告	2020年3月10日	教育部职业技术教育中心研究所	教职所〔2020〕49号
11	关于公布进入产业导师资源库的部分职业院校、企业技术技能大师名单的通知	2020年3月30日	教育部职业技术教育中心研究所	教职所〔2020〕60号
12	关于做好职业教育国家学分银行建设相关工作的通知	2020年3月30日	教育部职业教育与成人教育司	教职成司函〔2020〕9号
13	关于做好有关高校保送录取世界技能大赛获奖选手工作的通知	2020年4月8日	教育部办公厅	教学厅〔2020〕3号
14	关于公布首批全国职业院校“双师型”教师队伍建设典型案例的通知	2020年4月29日	教育部教师工作司	教师司函〔2020〕17号
15	关于做好2020年中等职业学校招生工作的通知	2020年4月29日	教育部办公厅	教职成厅〔2020〕1号
16	关于公布实施专科教育高等学校备案名单的函	2020年5月11日	教育部办公厅	教发厅函〔2020〕22号
17	关于发布《职业院校数字校园规范》的通知	2020年6月16日	教育部	教职成函〔2020〕3号
18	关于发布《职业技能等级标准开发指南（试行）》的公告	2020年6月19日	国家职业教育指导咨询委员会	
19	关于举办中华人民共和国第一届职业技能大赛的通知	2020年6月29日	人力资源社会保障部	人社部函〔2020〕57号
20	关于做好2020年高职扩招专项工作的通知	2020年7月3日	教育部办公厅等六部门	教职成厅〔2020〕2号

续表

序号	文件名称	发文时间	发文机构	发文字号
21	关于公布首批国家级职业教育教师教学创新团队课题研究项目的通知	2020 年 7 月 3 日	教育部	教师函〔2020〕3 号
22	关于印发《大中小学劳动教育指导纲要（试行）》的通知	2020 年 7 月 7 日	教育部	教材〔2020〕4 号
23	关于公布 2020 年高等学历继续教育拟招生专业备案结果的通知	2020 年 7 月 29 日	教育部	教职成函〔2020〕4 号
24	关于印发《现代产业学院建设指南（试行）》的通知	2020 年 7 月 30 日	教育部办公厅工业和信息化部办公厅	教高厅函〔2020〕16 号
25	关于举办 2020 年全国职业院校技能大赛教学能力比赛的通知	2020 年 8 月 13 日	教育部职成司	教职成司函〔2020〕18 号
26	关于做好职业教育专业目录修（制）订工作的通知	2020 年 8 月 14 日	教育部办公厅	教职成厅函〔2020〕10 号
27	关于进一步做好在院校实施 1+X 证书制度试点有关经费使用管理工作的通知	2020 年 8 月 24 日	教育部办公厅等四部门	教财厅函〔2020〕12 号
28	转发山东省《关于完善高等学校绩效工资内部分配办法的指导意见》的通知	2020 年 8 月 24 日	教育部办公厅	教师厅函〔2020〕9 号
29	关于印发《国家开放大学综合改革方案》的通知	2020 年 8 月 31 日	教育部	教职成〔2020〕6 号
30	关于举办 2020 年全民终身学习活动周的通知	2020 年 8 月 31 日	教育部办公厅	教职成厅函〔2020〕12 号
31	关于举办 2020 年全国职业院校技能大赛改革试点赛的通知	2020 年 9 月 9 日	教育部	教职成函〔2020〕5 号
32	关于深入学习贯彻习近平总书记重要文章《思政课是落实立德树人根本任务的关键课程》的通知	2020 年 9 月 9 日	教育部	教社科〔2020〕2 号
33	关于做好 2019—2020 学年全国中等职业学校“文明风采”活动宣传展示和典型案例遴选工作的通知	2020 年 9 月 14 日	教育部职业教育与成人教育司	教职成司函〔2020〕24 号
34	关于开展高校毕业生就业状况跟踪调查的通知	2020 年 9 月 15 日	教育部办公厅	教学厅函〔2020〕31 号
35	关于印发《职业教育提质培优行动计划（2020—2023 年）》的通知	2020 年 9 月 16 日	教育部等九部门	教职成〔2020〕7 号
36	转发山东省《关于推进职业院校混合所有制办学的指导意见（试行）》的通知	2020 年 9 月 23 日	教育部办公厅	教职成厅函〔2020〕13 号

续表

序号	文件名称	发文时间	发文机构	发文字号
37	关于做好2020年职业教育活动周相关工作的通知	2020年9月30日	教育部等十部门	教职成函〔2020〕6号
38	关于公布第一批示范性职业教育集团（联盟）培育单位名单的通知	2020年10月16日	教育部职成司	教职成司函〔2020〕33号
39	关于进一步做好高职学校退役军人学生招收、培养与管理工作的通知	2020年10月28日	教育部办公厅	教职成厅函〔2020〕16号
40	关于公布2020年国家精品在线开放课程（高职）认定结果的通知	2020年11月25日	教育部办公厅	教职成厅函〔2020〕18号
41	关于公布“十三五”职业教育国家规划教材书目的通知	2020年12月8日	教育部办公厅	教职成厅函〔2020〕20号
42	关于印发《中国特色高水平高职学校和专业建设计划绩效管理暂行办法》的通知	2020年12月21日	教育部 财政部	教职成〔2020〕8号
43	关于印发《中国教育监测与评价统计指标体系（2020年版）》的通知	2020年12月23日	教育部	教发〔2020〕6号
44	关于加强新时代高校教师队伍建设改革的指导意见	2020年12月24日	教育部等六部门	教师〔2020〕10号
45	关于进一步加强高技能人才与专业技术人才职业发展贯通的实施意见	2020年12月28日	人力资源社会保障部	人社部发〔2020〕96号
46	关于授权发布参与1+X证书制度试点的第四批职业教育培训评价组织及职业技能等级证书名单的通知	2020年12月31日	教育部职业技术教育中心研究所	教职所〔2020〕257号
47	关于深化高等学校教师职称制度改革的指导意见	2020年12月31日	人力资源社会保障部 教育部	人社部发〔2020〕100号

2. 深化“放管服”改革，激发旅游职业院校办学活力

近年来，国家高度重视教育改革，在专业设置、进人用人、职称评审、薪酬分配、经费使用等方面，进一步向地方和院校放权，让学校拥有更大办学自主权，但是在影响到职业院校发展的深层次问题，即办学的去行政化，真正赋予职业院校办学自主权问题一直没有从根本上得到解决，如在教师编制、人事管理、干部选用等方面下放的办学自主权力度不够，职业院校办学活力受到影响，因此建议：

一是扩大职业院校的用人自主权，优化职业院校改革发展环境。包括教师编制、人事管理、干部选聘等，赋予职业院校制定符合区域旅游经济发展和旅游人才培养的教师准入和退出制度，不断提高职业院校的教师质量和管理水平，提高教育教学水平

和质量。

二是继续推动各级政府由“办”职业教育向“管理与服务”转变，减少不必要的行政审批和干预，减少对学校微观事务的管理，减少不必要的评估、检查、活动，减少对学校正常教育教学秩序的干扰，让职业院校沉下心来抓内涵建设，提升办学质量。

3. 加快推进现代职教体系建设，探索职教本科新发展路径

调研发现，旅游职教人才供需的结构性矛盾依旧突出，复合型技术技能人才缺口较大，高层次技术技能人才缺乏。为培养高层次技术技能型人才，探索职业教育发展新路径，2019 年 6 月教育部批准 15 所高职学院更名为“大学”，同时升级为本科院校，成为国内首批本科“职业大学”。15 所院校分布在 10 个省份，山东省有 3 所，广东、陕西、江西各有 2 所，福建、广西、海南、河南、四川、重庆各有 1 所。2019 年 12 月教育部又批准了 6 所本科层次职业教育试点院校。在目前 21 所职教本科教育试点院校中没有旅游类高职院校。为旅游产业高质量发展提供高层次技术技能人才，因此建议：

第一，教育主管部门和文化和旅游主管部门要高度重视旅游类专业本科层次职业教育试点工作，优先选择本省、本地区内优质的旅游类高职院校，对接旅游产业链，出台有关旅游类专业发展本科层次职业教育试点工作的文件，鼓励有实力有条件的高职院校开展职教本科的探索工作。

第二，鼓励高职院校，顺应新一轮科技革命和产业变革，主动服务旅游产业高质量发展需要，遵循职业教育规律和人才成长规律，坚持高层次技术技能人才培养定位，进行系统设计，促进中等职业教育、专科层次职业教育、本科层次职业教育纵向贯通、有机衔接，促进普职融通。

4. 出台相应政策，确保 X 证书质量

作为“职教 20 条”的重要改革部署，“1+X”证书制度把学历证书与职业技能等级证书结合起来，坚持以学生为中心，旨在深化复合型技术技能人才培养培训模式和评价模式改革，提高人才培养质量。但是，调研发现：大部分旅游类职业院校在积极参与“1+X”证书制度的同时，也反映了很多“1+X”证书制度推行中存在的问题，如实施“1+X”证书制度主体之间相互配合不融洽，协作育人深度不够；“1+X”证书相关费用不明晰、不规范，如培训费、教材费、平台购置费、考试费等，以及“1+X”证书质量评价工作明显滞后等。因此建议：

首先，政府及教育部门应尽快出台相应的“1+X”证书准入和退出制度，对职业技能等级证书及标准的建设主体——培训评价组织的资质和能力进行严格审核，把好入口关，杜绝没有开发能力的培训评价组织进入，防止“1+X”证书变成“教科书”的翻

版，学生“考证”变成高考“刷题”的再现。

其次，政府及教育部门应尽快建立职业技能等级证书和培训评价组织监督、管理与服务机制，积极开展“双随机、一公开”的抽查和监督，并向社会公布检查结果，出台多元监督评价的制度和办法，建立质量保障体系，杜绝乱培训、滥发证，保障学生权益，确保目前推进的“1+X”证书的质量和实施效果。

再次，各级教育主管部门，根据职业教育国家“学分银行”，加快建立区域层面的“学分银行”，加快出台学习成果的认定、积累与转换的规范性文件和流程，促进书证融通。

最后，各级教育主管部门加快研究“1+X”证书费用问题，除严格规范“1+X”证书相关费用标准，如考证费、培训费、教材费、平台费等，坚决杜绝乱收费现象外，还要考虑“1+X”证书相关费用的分担问题，建议学校承担部分，减轻学校的压力。

（二）行业企业层面

深化产教融合是职业教育改革的方向，也是提高旅游行业企业供需适配性，培养高素质人才的必由之路。调研显示，尽管被调研的 85% 以上的旅游企业都与院校建立了校企合作关系，但校企合作深度不够，企业参与协同育人的深度不够。因此建议：

1. 认真研究政策文件，积极参与职业教育产教融合项目

近年来国家高度重视校企合作，不断深化职业教育产教融合。2019 年，国家发展改革委、教育部发布《建设产教融合型企业实施办法（试行）》（发改社会〔2019〕590 号），2020 年，教育部出台了《产学合作协同育人项目管理办法》（教高厅〔2020〕1 号），教育部办公厅、工业和信息化部办公厅印发《现代产业学院建设指南（试行）》（教高厅函〔2020〕16 号），教育部等九部门印发了《职业教育提质培优行动计划（2020—2023 年）》（教职成〔2020〕7 号）等。从这些政策的发布可以看出国家推行产教融合的决心。因此，建议旅游企业顺应文旅产业发展趋势，充分认识到产教融合是旅游企业适应时代发展趋势，实现经济效益和社会效益的客观要求，认真研究国家层面、省级地方层面关于推进产教融合的政策制定和文件，将产教融合纳入旅游企业战略发展框架体系内，认真研究产教融合工作，根据区域旅游经济发展和企业发展的实际，与区域内的旅游职业院校积极开展产教深度融合，积极申报国家和省级的产教融合项目，构建产教学研一体化的校企融合新模式。

2. 主动作为，积极探索旅游职业教育产教深度融合的新路径

人才是支撑旅游企业发展的核心竞争力。旅游企业应抓住机遇，与职业院校共同探索产教深度融合、培养高素质复合型技术技能型人才的新路径。

第一，建议旅游企业积极建设产教融合型企业。产教融合型企业是指深度参与产教融合、校企合作，在职业院校办学和深化改革中发挥重要主体作用，行为规范、成效显著，创造较大社会价值，对提升技术技能人才培养质量、增强吸引力和竞争力具有较强带动引领示范效应的企业。一是旅游企业通过创办企业大学，面向自身企业或社会开展技术技能培训服务，如携程旅游学院、首旅如家大学、华住大学、常州恐龙园学院、金陵饭店集团大学等。二是旅游企业与职业院校共同开展订单培养项目、现代学徒制试点项目、1+X 证书试点项目等，深度参与职业院校教育教学改革，实现校企双元协同育人。三是旅游企业与职业院校共建产教融合实习实训基地，推动学生到企业实习实训制度化、规范化，发挥企业办学的重要主体作用，建立以企业为主体的协同创新和成果转化机制。

第二，建议旅游企业牵手职业院校积极探索建设现代产业学院。2020 年 8 月由教育部、工业和信息化部研究制定了《现代产业学院建设指南（试行）》，明确提出：以区域产业发展急需为牵引，面向行业特色鲜明、与产业联系紧密的高校，重点是应用型高校，建设一批与地方政府、行业企业等多主体共建共管共享的现代产业学院，旨在推动学校人才培养供给侧与产业需求侧紧密对接，培养符合产业高质量发展和创新需求的高素质人才。尽管国家在探索现代产业学院建设中重点是应用型本科高校，但是建议旅游企业也可以选择一些有实力的旅游高职院校，依托其优势旅游类专业，积极探索现代旅游产业学院的建设模式，积极构建紧密对接产业链、创新链的专业体系，企业深度参与课程开发和建设，共建基于旅游产业发展的实践教学基地，不断创新人才培养模式，积极探索校企人才双向流动机制，共建校企混编教师团队等，通过产教深度融合，培养一大批旅游产业需要的高素质技术技能的复合型、创新型人才，为提高旅游产业高质量提供人才支持和智力支撑。

3. 坚持“以人为本”的理念，深化人力资源管理

调研结果显示，旅游企业员工流失率一直偏高。2020 年 30% 左右的被调查旅游企业员工流失率超过 20%。培训不够完善是导致员工离职的主要原因。人员的频繁流动，促使企业更不愿意加大对员工的投入，从而形成旅游企业人力资源管理的恶性循环。旅游企业高质量发展离不开人力资源深化改革，因此建议：

首先，旅游企业应坚持“以人为本”的理念，高度重视人、人才的价值。随着新一轮科技革命和产业变革，旅游企业也将从传统的劳动密集型向知识密集型转变，人力资本将成为企业转型发展的重要支撑。2020 年因受疫情的影响，旅游企业，如景区景点、酒店、民宿、旅行社、餐厅、OTA 等都进入了前所未有的低谷期，很多旅游企

业如百城旅游网、桂林丹霞温泉旅游有限公司、一起走旅行社等被迫关闭。也有很多旅游企业通过不裁员，停薪、降薪等方式，让员工安心度过困难期。如2020年3月9日携程CEO孙洁宣布，从本月开始自己和梁建章开始0薪；公司高管层也提出自愿降薪，最低半薪，直至行业恢复；其他员工暂缓涨薪；服务部一线员工可正常调涨薪资。携程的做法无疑给了员工安全感和归属感，为携程未来的发展储备了人力资源。

其次，旅游企业应运营现代管理理念，科学构建选人、用人、留人的体制和机制。如有的企业对优秀员工、有突出贡献员工，授予一定的股权，使人才愿意在旅游行业内沉淀下来，愿意在企业中沉淀下来；有的企业建立了多渠道优秀员工晋升和发展的通道，使他们不断超越自我，不断追求自我价值的实现，为企业、产业发展出力。

最后，建议旅游企业在与职业院校合作中，一是明确企业育人主体地位，把学生作为企业的准员工、未来的接班人，选择具有工匠精神的业务骨干、技术骨干，当学生们的导师，让学生们有学习的榜样，培养学生爱岗敬业、精益求精、勇于创新的精神。二是将企业优秀文化、企业家精神以及企业劳动模范、先进人物等，在职业院校中广为宣传，以文化人、以文育人。三是与职业院校共同制定人才培养方案、课程体系、实践体系等，积极探索校企协同育人的新模式，为旅游业、旅游企业高质量发展提供人力支撑。

（三）职业院校层面

2020年，职业教育改革持续发力，为贯彻落实《国家职业教育改革实施方案》，教育部门给出了路线图和具体的举措，如《职业教育提质培优行动计划（2020—2023年）》等，这些都体现了新时代对旅游职业教育的新要求。因此，旅游职业院校要充分认清形势，厘清人才培养工作重点和难点，通过深入学习并贯彻落实国家职业教育文件，提升办学质量，促进中国旅游业高质量发展。

1. 坚持立德树人，推进全人教育

职业教育旅游人才培养工作，必须坚持以习近平新时代中国特色社会主义思想为指导，全面贯彻党的教育方针，落实立德树人根本任务，突出职业教育的类型特点，坚持对接旅游产业、服务发展、促进就业的办学方向，主动适应文旅融合发展与“互联网＋旅游”新趋势，推动专业升级和数字化改造，推进三教改革与三全育人教育实践，构建德智体美劳全面发展的人才培养体系，加快培养高素质复合型技术技能人才。特别是充分发挥课堂教学主渠道在高校思想政治工作中的作用，强化社会主义核心价值观教育，重构课程体系，突出学生身心健康等职业道德素养的培养。将思想政治教育、职业道德和工匠精神培育融入教育教学全过程，统筹“思政课程”与“课程思政”

建设。着力推进全人教育，加强体育、美育、劳动教育教学改革，培养德智体美劳全面发展的社会主义建设者和接班人。

2. 优化专业结构，加快推进新专业目录落地落实

2021 年 3 月 12 日教育部办公厅印发《职业教育专业目录（2021 年）》（以下简称《目录》），《目录》按照“十四五”国家经济社会发展和 2035 年远景目标对职业教育的要求，在科学分析产业、职业、岗位、专业关系基础上，对接现代产业体系，服务产业基础高级化、产业链现代化，统一采用专业大类、专业类、专业三级分类，一体化设计中等职业教育、高等职业教育专科、高等职业教育本科不同层次专业，共设置 19 个专业大类、97 个专业类、1349 个专业，其中，中职专业 358 个、高职专科专业 744 个、高职本科专业 247 个。高等职业教育专科旅游类“酒店管理”专业被更名为“酒店管理与数字化运营”专业。“景区开发与管理”专业被更名为“智慧景区开发与管理”，并新增智慧旅游技术应用、定制旅行管理与服务、民宿管理与运营等专业。因此，提出以下建议：

第一，紧跟政策变化，用新技术赋能新型专业。职业院校应根据旅游类专业内涵变化，如充分了解“酒店管理”与“酒店管理与数字化经营”、“景区开发与管理”与“智慧景区开发与管理”等更名专业对人才培养要求的不同，做好新旧专业定位、新旧人才培养方案、新旧课程、新旧教材、新旧教法、新旧工具、新旧实训室的衔接，并用新技术赋能新型专业，推进专业升级和数字化改造。

第二，关注专业群与旅游产业的对应性，动态优化专业结构布局。专业设置与调整应准确把握区域旅游产业发展态势，追踪区域旅游产业发展的新动态、新需求，专业设置对接行业三年后的需求，结合高职旅游院校自身办学特色，采用“一对一”、“一对多”或是“多对一”的方式对接旅游产业，组建和优化专业群，优化配置教学资源，根据产业升级对旅游行业人才的新要求及时调整优化专业结构，使专业群发展与产业转型升级同步，获得长久的生命力。

第三，注重行企调研，办好新开设专业。随着新专业目录的出台，很多职业院校申请开设如智慧旅游技术应用、民宿管理与运营、定制旅行管理与服务等新专业，但是要办好新专业必须做好新专业的调研工作，特别是行企人才需求调研，要充分了解本区域旅游产业发展的实际和岗位需求，了解新专业典型工作岗位能力要求，使人才培养的专业标准对接人才需求的职业标准，课程体系能够充分体现新专业岗位群的能力要求，使新专业教育教学落实落地。

3. 教学过程对接生产过程，创新复合型技术技能人才培养模式

随着“互联网＋旅游”“旅游＋”的深化发展，旅游企业的用人需求结构也在发展转变，创新型复合型技术技能人才越来越受到旅游企业的青睐。因此，坚持产教融合、知行合一、工学结合，深化复合型技术技能人才培养模式改革，成为旅游职业院校人才培养质量提升的必由之路。建议如下：

第一，面向旅游产业转型发展和区域经济社会需求，创新人才培养模式。职业院校深化产教深度融合，应积极推进“引企入教”，根据旅游产业新发展、新要求，创新人才培养方案、课程体系和教学方式方法，根据新的人才培养定位，构建新的课程体系和专业新标准，促进课程内容与旅游新技术、新发展衔接，教学过程与旅游企业生产经营过程对接，人才培养符合旅游产业发展需求。

第二，根据新的人才培养定位，对教学内容进行大胆改革，积极引入行业企业专家深度参与课程改革，优化设计课程体系和结构，参与教材编写，活页式教材、企业案例等教学资源的开发等，深入推动课程内容与行业标准、生产经营内容、流程、标准相对接，课程设计、毕业设计等与企业真实的项目、活动内容有机结合起来，提高教学质量。

第三，校企共同建设基于旅游产业企业发展的教学实践基地和实习实训环境。一方面，通过虚拟仿真技术建设基于企业真实生产经营环境下的实训基地，开展项目式、任务式教学；另一方面，专业对接合作企业，在真实的生产经营环境中开展浸润式实景、实操、实地教学，有效提高学生对旅游产业企业的了解度、认可度和分析问题、解决问题的能力。

4. 积极探索职教本科，完善现代职业教育体系

“职教 20 条”明确提出，要完善高层次应用型人才培养体系，推动具备条件的普通本科高校向应用型转变，开展本科层次职业教育试点，探索长学制培养高端技术技能人才。近年来教育主管部门和职业院校积极探索职教本科模式，如江苏自 2012 年以来，积极实施现代职业教育体系贯通培养项目，搭建人才成长立交桥，积极探索长学制培养高层次应用型人才和高素质技术技能人才，推进各层次职业教育培养目标、专业设置、课程体系、教学过程等方面有效衔接，在省内外产生了积极影响。在《省教育厅关于做好 2020 年现代职业教育体系贯通培养项目的通知》（苏教职〔2020〕3 号）中明确提出，将继续稳定中职本科“3+4”项目和高职本科“4+0”项目招生规模，适度扩大高职本科“3+2”项目的实施范围与规模。目前，教育部已经批准了 21 所高职院校成为职业技术大学，这无疑释放了一种信号，国家将不断完善高层次应用型人才

培养体系，推动长学制培养高端技术技能人才。因此建议实力强、发展优的旅游职业院校积极探索职教本科专业建设，为培养旅游业高端技术技能人才贡献力量。

第一，旅游职业院校应认真总结以往与本科院校联合培养、分段培养职教本科人才的成功经验和做法，总结项目在实施过程中存在的问题，探究问题的原因和症结，进一步做好人才培养方案、课程的衔接、实践能力培养、支持保障等，充分发挥职业院校在贯通培养、促进技术技能人才成长方面的优势，不断提升旅游职业教育现代化水平，满足旅游业发展的人才和智力支撑。

第二，旅游职业院校积极主动对接应用型本科院校，根据双方优势互补、合作双赢的原则，围绕区域旅游经济发展所需专业、院校优势专业，开展职教本科专业建设合作，共商人才培养方案、校企合作，共建课程体系、实践教学体系，共建师资队伍、教学质量评价体系等，共同培养本科层次的技术技能型人才。

第三，旅游职业院校应认真研究教育部发布的《本科层次职业教育专业设置管理办法（试行）》（教职成厅〔2021〕1号），紧紧围绕国家和区域旅游经济发展的重点领域，依托自身优势专业、特色专业，结合学校特点，积极申报高职本科专业，探索长学制本科层次的旅游人才培养模式，开拓旅游职教本科人才培养的新路径。

5. 探索建设现代产业学院，推进产教融合发展

如前所述，产业学院是产学合作培养技术技能型人才的一种有效探索，具有功能目的服务性、办学模式合作性和教学内容职业性的特点。旅游职业院校人才培养应紧抓机遇，适应新时代旅游业大发展，深化供给侧结构性改革，积极探索建设现代产业学院的机制与途径，提高人才培养社会契合度和人才培养质量。主要有以下建议：

第一，旅游职业院校应主动出击，以共建共治共享机制为关键，构建多主体协同治理结构。寻找区域内有能力、有意愿的旅游龙头企业合作，深入挖掘各利益相关者资源，明确“校政企协”各方利益关系，将自身资源进行置换或共享，建立协同育人长效机制，积极探索旅游产业学院建设路径与模式，促进利益共同体实现多方共赢与良性发展。

第二，构建校企合作的课程体系与教学模式。旅游职业院校应更加注重培养学生的应用能力和创新创业能力，依托现代产业学院，整合专业基础课、专业课、实践课，形成突出实践能力培养的应用型课程群或课程模块。以旅游行业企业需求进行课程改革、设计课程体系、优化课程结构，推动课程内容与行业标准、服务流程、项目设计等产业需求科学对接，建设一批较高质量旅游类校企合作课程、教材和服务案例集。紧密结合旅游产业实际创新教学内容、方法和手段，增加实践教学比重，把企业的真

实工作流程、服务难题等作为毕业论文等实践环节的选题来源。依据旅游行业特点，使用真实工作环境开展浸润式实景、实操、实地教学，着力提升学生的实践能力，有效提高学生对旅游行业的认知程度和解决复杂问题的能力。

第三，重视校内外实习实训基地。2021 年 2 月 5 日，教育部职业教育与成人教育司发布了关于对《高等职业学校专业实训教学条件建设标准（征求意见稿）》等 32 项教学标准的征求意见通知，其中包括《高等职业学校酒店管理与数字化运营专业实训教学条件建设标准（征求意见稿）》，相比较之前的酒店管理专业实训教学条件建设标准，在实训教学场所方面，新增了“前厅及数字化服务实训室”、“客房与智慧服务实训室”、“数字化营销实训室”和“酒店数字化运营实训室”。因此，旅游职业院校应对接实训教学场所建设标准，按照工学结合、知行合一的要求，根据旅游行业企业生产、服务的真实环境和流程，构建知识教育体系和实训实习环境。统筹各类实践教学资源，构建功能集约、资源共享、开放充分、运作高效的专业实训教学中心。通过引进企业开发、生产基地，建成兼具工作、教学和研发功能的校企一体、产学研一体的大型实训实习中心和培训基地。同时，开拓建设若干个高水平的校外实习实训基地。

第四，搭建服务地方旅游行业企业产学研合作平台。旅游院校应加快融入地方旅游经济社会发展，打造智慧旅游、全域旅游、大众旅游等服务地方产学研合作平台，通过产业学院建设，深化拓展与当地区域旅游龙头行业企业的战略合作，创新校地、校企合作模式和对接落实机制。充分发挥学校师资智力等资源，在企业员工培训、技能竞赛、企业文化传承和“四技”服务等方面开展合作，不断提升学校服务地方经济社会发展的能力，助推旅游企业和当地旅游经济发展。

6. 加强高素质“双师双能型”教师队伍建设

调研发现，“双师型”教师的短缺已经严重制约旅游职业院校高质量发展。产教融合背景下，校企双制、工学一体，从校企育人“双重主体”到学生学徒“双重身份”，关键在于双师型教师。建议如下：

第一，企业人员引进是优化“双师型”教师队伍结构的重要举措。旅游职业院校应高度重视“双师型”教师队伍建设，按照《国家职业教育改革实施方案》的要求，推进以双师素质为导向的新教师准入制度，制定“双师型”教师招聘制度和方案，每年列出专项经费预算，用于紧缺专业教师和高技能人才引进需要。此外，在学校绩效奖励、职称评审、进人编制等方面，向“双师型”教师队伍倾斜。

第二，分层分类，加强院校“双师双能型”教师培养。旅游职业院校应根据自身的专业布局、人才结构和实际需求制定“双师双能型”教师培养计划，如中级以下的教师以提升专业实践能力为主，主要是熟悉旅游服务行业技能操作和企业服务流程；中级及以上的教师以技术研发、课程开发、实训教材编写等为主；从企业引进的教师则可以在合作项目拓展、学生顶岗设计和团队项目攻关上有所作为。通过制订切实有效的培训计划，增强教师社会服务能力，打造“双师双能型”教师队伍。

第三，教学创新团队建设。旅游职业院校应高度重视高水平职业院校教师教学创新团队建设，积极按照《全国职业院校教师教学创新团队建设方案》文件要求，整合校内外优质人才资源，选聘旅游企业高级技术人员担任产业导师，完善“固定岗 + 流动岗”资源配置新机制，建设兼职教师资源库，组建校企合作、专兼结合的“双师型”教师团队。深化旅游职业院校教师、教材、教法“三教”改革，推进教师分工协作进行模块化教学，推动职业教育教学模式和人才培养模式改革。

7. 积极探索国际化办学新路径，提高专业的国际化水平

调研显示，职业院校中旅游类专业开展中外合作办学的比例不高，且多数院校以单向的将学生输出至境外合作院校进修、实习为主。有些旅游职业院校虽然开展了境外办学，但办学历史短、办学规模小、地缘分布相对集中，办学模式主要为双方共同负责师资派遣、招生和制订教学方案等，办学效果不显著。加之 2020 年受新冠疫情影响，国际化交流与合作更是受到限制，一些职业院校甚至取消了一些中外合作办学的项目。鉴于中外合作办学是当今教育国际化发展的趋势，是较快促进学校教育质量和水平提高的有效形式，我们建议：

第一，职业院校应高度重视国际化办学，进一步明确开展多层次、宽领域的境外教育交流与合作，借鉴对方先进的教育理念和经验，培养大批具有国际视野、通晓国际规则的旅游国际化人才，是大势所趋。职业院校必须将旅游教育置身于国际环境中，学习境外先进的职业教育理念和办学模式，研究并引入国际化专业标准，优质课程资源，用国际领先的教学手段和模式培养旅游国际化人才，提升专业办学的国际化水平。

第二，职业院校要高度重视旅游类专业国际化人才培养，一方面，积极承接中资旅游企业海外员工教育培训，开发国际化专业标准、课程标准、教学资源等，探索中国旅游国际化职业教育模式。另一方面，根据境外一些国家和企业的需求，为其培养国家化旅游人才，输出中国旅游职业教育标准和资源，打造中国旅游职业教育国际品牌。

第二部分

产教融合典型案例

案例 1　南京旅游职业学院与金陵饭店集团共同打造旅游酒店优才

【校企简介】

南京旅游职业学院是江苏省示范性高等职业院校。学院开设 20 余个专业，其中，教育部和财政部重点支持建设专业 2 个，省级高水平专业群 1 个，省级 A 类品牌专业 1 个，5 个专业通过联合国世界旅游组织旅游教育质量认证，国家教学成果奖二等奖 3 项，江苏省高等教育教学成果奖一等奖 3 项、二等奖 2 项。

南京金陵饭店集团有限公司是以酒店、旅游和健康养老为主营业务的国有全资公司。其中，金陵饭店是 1979 年经国务院批准建设的全国首批六家大型旅游涉外饭店之一，在全国服务业率先创立的“细意浓情 4-8-32”质量经营模式，确保了金陵连锁管理模式和服务品质的标准化、专业化、系统化。

【案例描述】

自 1989 年南京旅游职业学院前身之一——金陵旅馆管理干部学院成立，金陵饭店集团与南京旅游职业学院便建立了深度的合作关系。双方共同构建了“校企双主体、动态灵活”的产教融合模式，建立了可持续发展的双方共赢模式，为行业输送了一大批优秀的旅游人才。

1. 协同修订人才培养方案

依托金陵饭店集团所创立的融世界水准与中国文化于一体的五星级酒店管理体系以及“细意浓情 4-8-32”质量经营模式，校企双方共建酒店管理、烹饪工艺与营养等专业的专业标准，共同研究制订人才培养方案，及时将新技术、新工艺、新规范纳入教学标准和教学内容。

2. 共建专兼结合师资团队

校企合作共建师资团队，联手打造旅游与酒店管理人才培养基地。金陵酒店管理有限公司副总裁花惠生在学校成立“花惠生大师工作室”，专业指导烹饪人才培养工作。经由学校推荐，金陵酒店管理有限公司总经理金美成被评为江苏省高职类院校产业教授。集团多名高管担任学校专业建设指导委员会成员。学校组建专家团队，为金陵饭店集团发展进行经营诊断，定期送教上门开展专业培训。

3. 订单共育酒店管理优才

2018年，学校和金陵饭店开展“金陵优才班”订单班项目，共同建设“双师型”师资团队、共同开发课程教学资源、共同建设实训基地、共同探索旅游人才培养的现代学徒制试点，构建了“参与人才培养方案制订—提供实践教学资源—建立见习就业基地—职业生涯规划指导”的校企协同育人机制。

合作30余年来，学校为金陵饭店集团培养了金陵饭店总经理周蕾、集团人力资源总监王长明等在内的200余名高素质酒店管理人才。该校企合作项目被遴选为首批全国旅游职业教育校企深度合作项目。2020年，校企双方进一步深入合作，共建南旅—金陵产业学院，助力金陵饭店集团成立金陵饭店集团大学，共同打造“立足金陵、辐射江苏、服务全国、放眼国际”的中国旅游人才培训高地。

【专家点评】

专家：魏峰，洲际酒店集团江苏区域总经理

点评：南京旅游职业学院与金陵饭店集团的合作为旅游酒店职业人才培养的校企合作开展创造了典型示范。校企双方通过共建专业标准、共建师资团队，订单项目建设，实现了人才培养与企业需求的无缝对接，为构建企业发展的人才梯队提供了有力支持。

案例 2　旅游新业态跨界人才培养——旅行定制师

【校企简介】

上海旅游高等专科学校是中国最早独立设置的旅游类高等院校。2011 年，学校成功通过教育部和财政部国家示范性高职院校建设计划的验收，成为全国唯一一所旅游类国家示范性高等职业院校。上海旅游高等专科学校也是世界旅游组织在中国的附属成员单位。

携程集团是中国最大的在线旅游服务商。2003 年携程旅行网在美国纳斯达克成功上市。自 2014 年起，连续 5 年蝉联中国旅游集团第一名，全球市值前三的在线旅行服务公司，亚洲市值最大的旅游旅行服务公司。

【案例描述】

在我国建设社会主义文化强国目标的指引下，对旅游行业人才的培养提出了新挑战和新要求。上海旅游高等专科学校在全国率先提出以快速、集中的微专业方式培养岗位紧缺人才，校企合作聚焦旅游新业态，培养旅游新业态跨界人才——旅行定制师。

1. 制定职业技能标准，探讨岗位技能需求

校企双方积极落实《国家职业教育改革实施方案》提出的“三教”改革的任务。共同制定《定制旅行服务技能与管理职业技能等级标准》，组建校企教学团队，共同探讨岗位技能需求。

2. 取得职业技能证书，直接获取上岗资格

面向全校及上海师范大学旅游学院学生招收的第一届学员通过近三个月的岗位课程集中学习和综合考评获得了“初级定制师岗位证书”，可以直接在携程集团定制旅行平台上岗。解放日报、中国旅游报、旅游视讯网、搜狐网、中国网等多家媒体对定制旅行微专业进展及学生培养情况进行专题报道或转载。

3. 调研职业岗位需求，编写职业技能教材

“定制旅行管家服务”证书已获批教育部第四批“1+X”试点证书，其标准教材《定制旅行服务与技能》是全国第一本定制旅行人才的职业技能教材。在对定制岗位充分调研的基础上，以旅行定制师工作任务为主线，将定制师应具备的职业技能要求体现在教材中，做到教材内容与岗位技能标准的有效对接。

4. 联合开发专业课程，同步录制教学视频

1+X“定制旅行管家服务”证书数字化课程同步上线，校企共同开发《沟通技术》《需求分析与顾客期望管理》《定制旅行产品设计》《定制方案视觉呈现》四门定制旅行微专业课程及相关学习视频 15 个。定制旅游微专业建设对全国其他旅游院校的“1+X”证书与专业教学改革将起到示范和引领作用。

【专家点评】

专家：严钢毅，中国异地养老基地联盟副秘书长、中国老年学和老年医学学会旅游专业委员会副主任、上海市（区）旅游协会联盟主席

点评：让学生提前接触社会，认识社会，提升自身能力，这个做法值得点赞。校企合作在学校就开始培养学生技能，在学习中工作，对学生对企业都是利好。

案例 3　建立“双对接、双促进”产教融合机制，促产教深度融合

【校企简介】

浙江旅游职业学院是浙江省在将旅游业列入优先发展的万亿产业文件中明确重点建设的唯一高校，中国特色高水平专业群建设单位，国家优质专科高等职业院校，全国唯一的文化和旅游部省部共建高职院校和旅游类院校。

开元酒店集团、乌镇旅业集团、宋城集团、美国迪斯尼公司、洲际酒店集团、意大利歌诗达邮轮集团等企业都属于行业龙头企业、高成长性企业，长期与浙江旅游职业学院保持良好的合作关系，有志于支持和参与旅游职业教育改革发展。

【案例描述】

浙江旅游职业学院通过建立对接地方政府、对接行业企业，促进地方旅游产业创新发展转型升级、促进学校内涵建设水平提升的“双对接、双促进”产教融合机制，促进学校教育链、人才链与产业链、创新链有机衔接，有力推动了产教深度融合、校企深度合作。

1. 深化协同办学格局，搭建多方合作平台

学校先后组建或牵头成立浙江旅游职业教育集团、浙江旅游职业学院发展理事会、长三角旅游职业教育联盟、浙江省旅游产业产教融合联盟等“共建共享共赢”型组织，有力推动政校行企多方合作，联合政府、院校、行业、企业搭建多方合作平台。建立省部共建、省部会商机制，积极争取文化和旅游部、浙江省人民政府、省文化和旅游厅对学校发展建设的长期支持，为学校发展提供有利的机制保障。

2. 建立协同育人体制，推进人才培养改革

学校引导企业深度参与协同育人，把企业资源和专业建设对接起来，推进“四融通”：教学标准与职业标准、龙头企业标准融通；实践教学与产学研创新服务、社会服

务融通；互联网教学与课堂教学、实践教学融通；人文素养提升与技术技能培养、职业素质养成融通。学校入选教育部首批职业教育校企深度合作项目、浙江省首批建设的产教融合工程项目和产学合作协同育人项目，与学校深度合作的两家企业入选浙江省首批建设的产教融合型试点企业。

3. 聚焦行业企业需求，打造高水平专业群

学校紧密围绕新型旅游人才的迫切需求，推动传统优势旅游行业企业的转型提升和新型旅游业态培育，实施“以群建院”，通过专业群的建设，促使资源配置和教学组织的系统优化。积极响应旅游新业态与“旅游 +”新形态下产业人才需求，形成与旅游产业要素和业态发展相匹配的专业动态调整机制，打造高水平专业群，2019 年入选中国特色高水平专业群建设单位。

4. 提升社会服务水平，建设产教融合平台

学校紧紧围绕国家及省委省政府的战略部署，组建浙江省文化和旅游发展研究院等省级高端文旅研究平台；共建多方参与，兼具产业研究、社会服务、英才培养的浙江北大数字文化和旅游联合中心实验室等产教融合服务平台；优化面向行业企业的技术技能平台，使全产业链为行业企业提供精准服务，推动办学模式改革与体制机制创新。

【专家点评】

专家：金杭甬，杭州开元名都大酒店、开元酒店集团杭州区域总经理

点评：浙江旅游职业学院坚持围绕旅游办专业、围绕旅游育人才、围绕旅游搞科研、围绕旅游强服务，产教融合工程举措有力，社会服务贡献优势突出，行业区域支撑优势明显，办学水平和综合实力稳居全国旅游类高职高专院校前列。

案例 4　打造“高校里的蓬莱阁”品牌，构建多维度产教融合体系

【校企简介】

山东旅游职业学院设有饭店管理系、旅行与休闲管理系、工商管理系、旅游外语系、营养与烹饪系、航空服务系、艺术系等 8 个教学部门，开设酒店管理、旅游管理、西餐工艺、航空服务等 33 个专业及方向。

蓬莱阁（烟台市蓬莱区）旅游有限责任公司（以下简称“蓬莱阁”）是 2000 年成立的国有独资企业，注册资本 3 亿元。旗下有 5A 级景区蓬莱阁，曾先后荣获“国家重点风景名胜区”“全国旅游行业最佳诚信单位”等殊荣。

【案例描述】

2020 年 5 月，山东旅游职业学院与蓬莱阁签订校企合作协议，共同打造“高校里的蓬莱阁”文旅品牌，并围绕品牌建设探索“旅游 + 教育”新型发展模式，双方通过多个领域的合作，树立了景区与高校产教融合发展的新典范。

1. 开创“云踩线”导游实训云课堂

学校创造性地提出依托“钉钉”平台进行线上直播实训的构想，将直播现场放在景区内，邀请蓬莱阁优秀讲解员担任主播。校企双方充分整合资源优势，创新在线教学模式，将实地导游实训课程搬上云课堂，实现师生“云踩线”。

2. 打造“零距离”校企合作实训室

校企合作建设互动录播实训室，通过互动录播教学软硬件和标准化录播实训室的建设，整合校企优质教学资源，增强校企间的互动，让学生在教室里也能感受到蓬莱阁的企业文化，实现案例教学的“零距离”接触。

3. 校企共育模式下的职业技能竞赛

积极探索企业、学校协同共推技能人才的培育，以“蓬莱阁杯”导游、短视频等

技能大赛为契机，以练促赛、以赛促学，以能力为主线、任务为载体、实践为主导，发挥企业专家的引领作用，促进技能人才培养与产业发展需求紧密对接。

4. 多方资源共享，推进实训教学改革

充分整合学校在教学资源、师资水平和校企合作等方面的优势，创新在线教学模式，通过导游实训云踩线、校企合作实训室等方式，将难以开展线上教学的导游实训环节搬上云课堂，探索出一条网上实训教学的新路径，实现案例教学的零距离接触。

围绕“高校里的蓬莱阁”文旅品牌建设，探索产教融合新模式，培育“旅游＋教育”新样本，不再局限于学校向企业输送实习就业学生的传统校企合作方式，开创多元化、深层次、全方位的校企合作新模式。通过“云踩线”导游实训云课堂、“零距离”校企合作实训室和校企共育下的职业技能竞赛等与蓬莱阁的新型校企合作模式探索，将企业一线的专业知识、技能引入课堂教学，将企业文化引入校园，不仅开拓了学生的视野，也让学生与行业前沿零距离接触，有助于全面提升学生综合素质，也是山旅为争创“山东职教新高地”的有益探索。

【专家点评】

专家：牛梦洁，上海华侨城投资发展有限公司欢乐谷旅游分公司，人力资源总监

点评：山东旅游职业学院打造“高校里的蓬莱阁”品牌，构建多维度产教融合体系的案例，内容翔实，体现了职业院校与企业合作的探索精神。在此案例中，学校与企业整合优势资源，最大限度地将实训内容带入课堂教学，提升学生对行业企业的认知，提升人才培养质量的同时助力专业群发展。

案例 5　青岛酒店管理职业技术学院“现代学徒制试点”

【校企简介】

青岛酒店管理职业技术学院是我国第一所独立设置的酒店管理职业技术学院，是山东省首批特色名校、山东省首批优质高等职业院校、青岛市首批品牌高职院校、教育部第一批教育信息化试点单位。

坐落于青岛崂山区石老人海滩浴场的鲁商凯悦酒店是青岛唯一一家沙滩酒店，拥有四百余间舒适宽敞的豪华客房，可尽览山海景致、海滩风情或岛城风光。酒店入选2020 年《Voyage 新旅行》中国“必住”酒店 TOP50 榜单。

【案例描述】

青岛酒店管理职业技术学院联合青岛鲁商凯悦酒店于 2018 年申请了“国家级第三批现代学徒制试点”工作，并于 2020 年通过省级验收。通过两年多的建设，学校与酒店形成了“校企双元育人、学生双重身份、方案双方开发、岗位交互训教、成果多元评价”的产教融合发展模式。

1. 校企双元育人

校企双方共同签署涵盖课程开发、课程实施、课程评价、基地建设、师资建设和学生（学徒）管理的《现代学徒制试点校企合作协议》。建立“管理共同体领导机制”和“师资共同体互补机制”，形成“方案共定、课程共建、人才共育、过程共管、成果共享、责任共担、互利共赢、共同发展”和“身份互认、角色互通”的长效体制机制。

2. 方案双方开发

为保障试点工作的顺利开展，由学校管理人员、专业教师、企业管理人员和带徒师傅共同成立现代学徒制试点工作组，联合制定《现代学徒制管理规定》《学徒企业实践管理制度》《学生（学徒）成绩考核与管理办法》等规章制度。校企双方依据企业岗位能力标准、课程标准、教学资源开发标准等建立“三主体、三主线、三闭环”评价模型，全面优化评价内容。

3. 成果多元评价

为保障实施效果，指导校企导师开展工作，校企双方共同制定多维度的考核内容，从学徒、导师上级管理者、人力资源部三方视角围绕着指导内容、指导能力、指导态度、定期沟通、人文关怀等综合评价企业导师；从学徒校内学习、专业能力和合作企业三方评价导师在授课态度、学徒指导、工作业绩等方面的综合表现。培养期内，形成评价考核表 223 份。

【专家点评】

专家：周其虎，山东畜牧兽医职业学院副院长；董伟伟，山东国子软件股份有限公司副总经理；王友云，烟台职业学院教务处副处长

点评：学院能够围绕项目中心任务认真准备，工作方案详细具体，工作资料准备齐全，工作成果总结到位，实践探索成效明显，各项试点工作任务圆满完成。希望学院借助国家大力发展职业教育的有利时机，牢牢把握上级政策红利，不断深化内涵建设和治理体系改革，发挥既有办学优势，实现学院高质量发展。

案例 6　广州番禺职业技术学院牵手美团大学共育人才

【校企简介】

广州番禺职业技术学院是全国首批、广州市属第一所公办全日制普通高等职业院校，2019 年 12 月，入选中国特色高水平高职学校 30 强。旅游商务学院设有旅游管理、酒店管理等 7 个专业，其中，旅游管理为全国职业院校旅游类示范专业，酒店管理为全国首批示范性高职院校重点专业。

美团大学美酒学院是美团旗下的培训机构，是为酒店商家打造的线上线下一体化酒店移动互联网营销教育平台，主要围绕收益管理解决方案、评价管理系统、酒店运营管理、酒店市场营销等方向进行课程设置与培训。

【案例描述】

1. 建成全国第一所美团大学美酒学院数字化人才实训中心

随着大数据、人工智能在酒店业的应用以及消费者购买方式的转变，酒店业面临着产业升级。为了解决酒店业数据化运营人才的短缺，广州番禺职业技术学院酒店管理专业与国内领先互联网生活服务平台美团合作，率先开展酒店业数字化人才培养计划。由学校提供场地，美团提供相关信息化设备与软件，建成全国第一所美团大学美酒学院数字化人才实训中心。

2. 企业提供面向行业就业的课程

酒店数字化人才培养已经开班，面向番职酒店管理 2019 级、2020 级学生，由美团提供贴合市场的行业就业指导课程，包括美团电商项目、酒店收益管理等，学生通过考核，可获"互联网营销师认证证书""酒店收益师认证证书"，并得到美团的就业推荐。

3. 校企联合成立产学研合作中心

学校成立“酒店数字营销”工作室引入社群运营等项目积极探索项目教学与实践。另外，双方还在酒店及旅游业的人才培养与教学改革、产教融合与社会服务等方面开展长期合作，通过联合成立美团酒店番职产学研中心，打造中国酒店与旅游数字化人才的职业教育与从业者培训基地、行业咨询与研究等平台。

联手知名龙头企业，以“课程 + 工具 + 项目 + 比赛”的方式四轮共驱，共同培养数字时代的酒店复合型人才。2020 年度番职派出两支队伍参加由中国国际贸易促进委员会商业行业委员会、美团大学和全国现代服务业职业教育集团共同主办的 2020 年全国现代服务业技能大赛（酒店收益管理人员），经过激烈的角逐最终两支队伍分别获得全国现代服务业技能大赛全国总决赛学生组冠军和季军。

【专家点评】

专家：杜娟，黑龙江旅游职业技术学院旅游产业发展学院副院长

点评：广州番禺职业技术学院该项目已实施运营 3 年，初见成效，实现了“校、企、生”三赢。当前以互联网和人工智能为代表的新技术革命已经彻底改变了酒店行业生态，新冠疫情对酒店行业的一个直接影响是推动了酒店业数字化转型的加快发展，这需要大量既懂得酒店管理又懂得数字化营销和运营能力的数字化人才。本项目实现强强联合，以“课程 + 工具 + 项目 + 比赛”的方式四轮共驱，共同培养数字时代的酒店复合型人才。

案例 7　粤菜粤厨粤经济，有味有位更有为

【校企简介】

珠海市第一中等职业学校是以现代服务业为主的首批国家重点职业学校、国家中等职业教育改革发展示范校。学校共有心华、香华两个校区，占地 9.37 万平方米，建有餐饮服务、现代物流、工业机器人等十余个产教融合实训基地。

珠海度假村酒店素有“花园城市中的花园”的美誉，1997 年被原国家旅游局评为“中国标志性饭店”并获得“环境艺术金奖”、“总统套房金奖”和“特色餐厅金奖”三项大奖。2000 年 3 月被原国家旅游局评为五星级酒店。

【案例描述】

珠海市第一中等职业学校的烹饪专业是珠海市重点建设专业、广东省“双精准”示范专业，拥有 2 个省级工作室、1 个市级工作室、1 个市级基地和 1 个市级鉴定所。自 2016 年开始，学校与珠海度假村酒店开展校企合作，致力于烹饪专业建设、中级应用型人才培养，毕业生深受企业和社会的认可。

1. 党建引领，成立专业委员会，实现精准育人

校党委与珠海度假村酒店党支部坚持党建引领，立足职业教育发展，在党委、党支部领导下成立由珠海度假村酒店名厨、企业行业专家、学校烹饪名师等为骨干和核心成员的专业委员会，为专业发展提供人力和智力支持。

2. 双师互动，取长补短共提升，实现精准协作

为了增强互动，双方共建“粤菜师傅”大师工作室，开展社会培训，探讨校企合作新模式，通过“年轻专业教师到酒店跟岗实习”“名厨进校培训”等活动加大校企间的交流力度，相互促进对烹饪新理念、新工艺、新设备的认识，实现双方优势互补，相互取长补短，共同助推烹饪工艺改革创新，增创效益。

3. 建班培养，校企协同共育人，实现精准融合

2019 年学校与珠海度假村酒店建立“订单式”人才培养模式，在培养过程中，实现共制方案、共定计划、共商内容、共同招生、共同管理、共享资源、共同评价、共创成果，切实做到产教融合“五对接”，协同育人“双精准”。并以点带面，辐射专业教学，将“劳动教育”落地，有效促进“三教”改革。

4. 增强实践，提升育人契合度，实现精准实习

通过“专业认知周企业参观”、“月饼生产实习”、“航展跟岗实习”和顶岗实习等企业实践活动，实现与市场接轨，促进知识和技能的充分结合，切实提高育人的针对性和实效性，有效提升应用型人才的培养质量。

校企联手，共同探索并建立资源共享、机制灵活、产出高效的校企合作共同体，服务粤港澳大湾区的发展，实现学校、企业、学生三方共赢。

在各类厨艺职业技能大赛中先后荣获广东省团体金奖 1 项，金奖名厨 4 项，铜奖 1 项，珠海市技术能手 2 项，金牌选手 6 项。通过以赛促教、以赛促学、以赛促改、以赛促建，双方共同培养了近百名烹饪专业人才，并有效提升了度假村的餐饮产品质量，实现了名校、名厨、名企等多方共赢的良好局面。

【专家点评】

专家：董家彪教授，广东省旅游学校原校长

点评：该案例突显校企双方坚持党建引领，立足湾区办学，深化校企合作，落实党和政府关于粤菜师傅工程、劳动教育、三教改革等系列指示，并将实施产教融合作为促进区域经济发展，实现产业转型升级，建设人力资源强校、强企的重要支撑！

案例 8 “双师”“双基地”，推动研学实践，产教融合

【校企简介】

沈阳市旅游学校是国家级重点中等职业学校，辽宁省首批中等职业教育改革与发展示范学校，沈阳市标准化中等职业学校标志性学校。旅游服务与管理专业是学校龙头专业，辽宁省示范专业。2017 年被教育部遴选为“全国职业院校旅游类示范专业点”。

沈阳运彤文化传媒有限公司于 2018 年开启短途研学项目。该公司拥有专业的研学课程编制及校本课程研发团队，满足传统文化教育、爱国主义教育、科技教育、励志教育、历史教育、生态教育及团队协作能力等综合教育内容。

【案例描述】

为贯彻落实国家职业教育改革实施方案，全面推行校企协同育人，切实提高学生获得职业技能等级证书的能力，为学生就业拓宽渠道，学校与企业本着“优势互补、资源共享、互惠双赢”的原则，联合开展研学实践校企合作项目。

1. 助力行业，推广研学旅行等级证书

研学实践活动已经开展 6 批次，涉及 4 条研学旅行线路。通过研学实践，使学生认识到研学旅行业态发展趋势，激发学生获取相关职业技能等级证书的意愿，加快“研学旅行策划与管理（EEPM）职业技能等级证书”的推广工作。截至 2020 年底，积极报考的学生占总人数的 70%。

2. 助推企业，填补研学旅行人才空缺

研学旅行市场刚刚起步，专业人才匮乏，校企合作能够有效解决企业研学旅行人才不足的难题，保证企业研学项目的顺利开展。企业对学校参与研学旅行实习的学生给予高度认可，并支付报酬进行助学奖励。

3. 校内校外“双师型”体系，全程指导实践工作

研学实践项目采取企业师傅和专业课教师全程参与实习指导与评价。专业课教师与学生一起参加企业研学实践活动，担任研学领队及讲解员，配合企业师傅进行研学实践期间学生的安全教育和管理。企业师傅对学生进行实时指导，有效解决学生操作难点。专业课教师跟踪记录学生实习情况，收集知识技能难点并在教学中进行强化和训练。

4. 校内校外“双基地”并行，教学与实践同行

企业的研学基地不仅适合中小学生前往开展研究性学习和实践活动，也是本校学生实习实训基地。在研学基地里，学生在实践中完成学习，在学习中完成实践。同时，学校的校内实训基地也作为企业的研学基地，为中小学生研学实践提供真实的工作环境。

【专家点评】

专家：刘静洋，沈阳大学应用技术学院党委副书记，副教授

点评：研学旅行策划与管理职业技能等级证书是旅游职业教育落实教育部“1+X”证书制度的职业技能等级证书。该校克服新冠疫情，主动寻找研学实践合作企业，积极落实和探索X技能等级证书的实施，及时填补研学旅行企业专业人才缺少的空白，真正实现校企共赢，为同类学校提供了先进的经验。

附录 1　2020 年旅游人才需求预测调研问卷——企业版

《中国旅游人才供给与需求研究报告》研制
企业调查问卷

您好！

根据《中国旅游人才供给与需求研究报告》课题研究的需要，现针对 2019—2020 年我国旅游企业人才资源状况进行问卷调研，旨在了解中国旅游企业人力资源的基本情况以及对职业院校学生的培养需求。此问卷不记姓名，只用于项目研究，不会对您个人和所在单位带来任何不利影响。真诚感谢您的帮助。

课题组

第一部分　企业基本情况

1. 您企业的名称是________。

2. 您的旅游企业面向的市场属于哪一种？（可多选）________。

A. 酒店　　B. 线下旅行社　　C. 线上旅行社　　D. 景区
E. 会展公司　　F. 民宿　　G. 其他

3. 您的旅游企业等级为________。

A. 二星或 2A 及以下　　B. 三星或 3A
C. 四星或 4A　　D.5 星或 5A　　E. 无等级

4. 您的旅游企业管理公司为________。

A. 国际集团　　B. 国有企业　　C. 民营企业　　D. 其他________

5. 您所在旅游企业的开业时间为________。

A. 三年以下　　B. 三至五年　　C. 五至十年　　D. 十年以上
E. 二十年以上

6. 您所在旅游企业的注册资金为________。

A. 500 万以下　　B. 500 万～1000 万

C. 1000 万～5000 万　　D. 5000 万以上

7. 您所在旅游企业的 2018 年度营业额为________。

A. 1000 万以下　　B. 1000 万～3000 万

C. 3000 万～5000 万　　D. 5000 万～1 亿

E. 1 亿以上

8. 你所在的企业分布在（可多选）________。

A. 华北地区　　B. 东北地区　　C. 西北地区　　D. 华东地区

E. 华中地区　　F. 华南地区　　G. 西南地区

第二部分　企业人力资源基本情况

9. 您所在企业员工的编制为________。

A. 30 人以下　　B. 30～100 人　　C. 100～300 人　　D. 300～500 人

E. 500 人以上

10. 疫情后，贵企业会考虑________。

A. 减少编制　　B. 增加编制　　C. 暂时不变　　D. 观望后再定

11. 您所在企业现有员工中，________学历的员工所占比例最高，

A. 本科及以上　　B. 高职高专　　C. 中专（高中）　　D. 其他________

其中高职学历占比________。

A. 20% 以下　　B. 20%～30%　　C. 30%～40%　　D. 40%～50%

E. 50% 以上

12. 您所在企业现有员工中，基层员工所占比例为________。

A. 50% 以下　　B. 50%～60%　　C. 60%～70%　　D. 70% 以上

13. 您所在企业员工年均流失率为________。

A. 10% 及以下　　B. 11%～20%　　C. 21%～30%　　D. 31% 及以上

流失的最主要原因为________。

A. 工资待遇　　B. 企业文化　　C. 工作环境　　D. 员工发展与培训

E. 职业压力　　F. 管理风格　　G. 领导魅力　　H. 其他________

14. 您所在企业常用的招聘渠道包括（可多选）________。

A. 校园招聘　　B. 网络招聘　　C. 人才市场招聘　　D. 线上招聘会

E. 猎聘　　　　　F. 其他________

2018 年其中最主要的招聘渠道是________。

A. 校园招聘　　　B. 网络招聘　　　C. 人才市场招聘　　D. 猎聘

E. 其他________

15. 旅游企业在招聘应届毕业生时，以下因素的重要程度是：

因素	非常重要（5分）	重要（4分）	一般重要（3分）	不重要（2分）	很不重要（1分）
外在形象					
外语能力					
信息素养					
抗压耐挫					
吃苦耐劳					
团队意识					
服务意识					
业务能力					
沟通能力					
工作经验					
技能证书					

其他您认为重要的因素包括：________。

16. 决定旅游企业员工是否可以晋升基层管理岗位时，以下因素的重要程度是：

因素	非常重要（5分）	重要（4分）	一般重要（3分）	不重要（2分）	很不重要（1分）
工作经验					
吃苦耐劳					
管理水平					
专业知识					
学历层次					
服务意识					
性格特征					
思维与视野					

续表

因素	非常重要（5分）	重要（4分）	一般重要（3分）	不重要（2分）	很不重要（1分）
国际化水平					
职业道德					
外语能力					
忠诚度					
信息素养					

其他您认为重要的因素包括：________。

第三部分　旅游企业员工培训、考核和薪资情况

17. 您所在企业人工成本占企业总成本的比重为________。

A. 20% 以下　B. 20%～30%　C. 30%～40%　D. 40% 以上

18. 您所在企业一线员工的平均月薪为________。

A. 2000～3000 元　B. 3000～4000 元　C. 4000～5000 元　D. 5000 元以上

19.2020 年 2～3 月，疫情后您所在企业给职工发放的工资情况是________。

A. 不发放工资　B. 只发放基本工资

C. 工资额高于基本工资，低于正常工资　D. 全额发放

20. 您所在企业 2018 年培训成本占企业总成本的比重为________。

A. 5% 以下　B. 5%～10%　C. 10%～50%　D. 50% 以上

21. 您所在企业员工培训种类包括（可多选）________。

A. 新员工入职培训　B. 技能培训　C. 企业文化　D. 管理能力培训

E. 职业礼仪培训　F. 团队协作能力培训　G. 疫情防范　H. 消防安全

I. 规章制度　J. 其他________

22. 您所在企业员工培训方式包括（可多选）________。

A. 在线培训　B. 企业内部培训

C. 企业外聘教师培训　D. 其他________

23. 您所在企业的一线员工发展至中层管理层一般需要接受哪些培训________、________、________、________、________（请举例）。

第四部分 校企合作情况

24. 您所在企业与职业院校是否存在校企合作关系？________

A. 有　　B. 无

如有，请继续以下选项；没有请跳转至 28 题。

25. 您所在企业拥有的合作院校有多少家？________

A. 1 家　　B. 2 ~ 5 家　　C. 5 ~ 10 家　　D. 10 家以上

26. 您所在企业与职业院校存在哪种合作方式？（可多选）________

A. 提供实习基地　　B. 师资或行业专家共享

C. 共同制订人才培养方案　　D. 共建实习基地

E. 订单培养学生　　F. 共同开发教材　　G. 其他________

27. 疫情后，您所在企业对实习生需求的数量________。

A. 减少　　B. 不变　　C. 增加

您所在企业与职业院校是否建立订单班？________

A. 有　　B. 无

如有，请继续以下选项；没有请跳转至 28 题。

2018 年订单班在校学生数量是________。

A. 30 人以下　　B. 30 ~ 50 人　　C. 50 ~ 100 人　　D. 100 人以上

如有毕业生，订单班学生的留用率是________。

A. 20% 及以下　　B. 20% ~ 30%　　C. 30% ~ 40%　　D. 40% 以上

28. 您所在企业每年从职业院校招聘的毕业生人数为________。

A. 5 人以下　　B. 5 ~ 10 人　　C. 10 ~ 20 人　　D. 20 人以上

29. 您所在企业近几年从职业院校所招聘的毕业生中，专业主要集中在（可多选）________。

A. 酒店管理　　B. 旅游管理　　C. 导游　　D. 旅行社经营管理

E. 景区开发与管理　　F. 休闲服务与管理　　G. 会展策划与管理　　H. 其他________

30. 您对现在职业院校培养的旅游大类专业学生还有哪些具体看法和建议？

附录 2　2020 年旅游人才需求预测调研问卷——院校版

《中国旅游人才供给与需求研究报告》研制

您好！

根据《旅游业发展与高职旅游类人才需求预测研究报告》课题研究的需要，现针对 2020 年我国旅游人才培养现状进行问卷调研，旨在了解我国高职及中职院校对旅游类专业学生的人才培养和相关需求。此问卷不记姓名，本研究的所有资料仅用于本次研究，不会对您个人和所在单位带来任何不利影响。真诚感谢您的帮助！

课题组

第一部分　院校基本情况

1. 院校名称：________。

2. 院校性质：________。

A. 公办旅游类高职院校　　B. 公办综合类高职院校

C. 公办中职院校　　D. 民办高职院校

E. 民办中职院校　　F. 其他________

3. 贵校开设的旅游类专业主要有（可多选）________。

A. 酒店管理（酒店服务与管理）　　B. 旅游管理（旅游服务与管理）

C. 导游（导游服务）　　D. 旅行社经营管理

E. 景区开发与管理（景区服务与管理）　　F. 休闲服务与管理

G. 会展策划与管理（会展服务与管理）　　H. 旅游外语

I. 中餐烹饪　　J. 西餐烹饪　　K. 其他 __________

4. 贵校旅游类专业在校生人数为________。

A. 100 人以下　　B. 100 ~ 300 人　　C. 300 ~ 500 人　　D. 500 ~ 1000 人

E. 1000～2000人　F. 2000人以上

其中，________专业在校生人数最多；人数为________人。

A. 酒店管理（酒店服务与管理）　B. 旅游管理（旅游服务与管理）
C. 导游（导游服务）　D. 旅行社经营管理
E. 景区开发与管理（景区服务与管理）　F. 休闲服务与管理
G. 会展策划与管理（会展服务与管理）　H. 旅游外语
I. 中餐烹饪　J. 西餐烹饪　K. 其他________

5. 旅游类专业生源主要为________。

A. 本省　B. 周边省　C. 全国

如为全国招生，涉及省（自治区、直辖市）为________。

A. 5个以下　B. 5～10个　C. 10～20个　D. 20个及以上

其中，省内生源占比________。

A. 30%以下　B. 30%～40%　C. 40%～50%　D. 50%以上

6. 2020年旅游类专业招生的总人数为________。

A. 100人以下　B. 100～300人　C. 300～500人　D. 500～1000人
E. 1000～2000人　F. 2000人以上

7. 2020年旅游类专业招生的专业有（可多选）________。

A. 酒店管理（酒店服务与管理）　B. 旅游管理（旅游服务与管理）
C. 导游（导游服务）　D. 旅行社经营管理
E. 景区开发与管理（景区服务与管理）　F. 休闲服务与管理
G. 会展策划与管理（会展服务与管理）　H. 旅游外语
I. 中餐烹饪　J. 西餐烹饪　K. 其他________

8. 2020年招生人数最多的专业为________。

A. 酒店管理（酒店服务与管理）　B. 旅游管理（旅游服务与管理）
C. 导游（导游服务）　D. 旅行社经营管理
E. 景区开发与管理（景区服务与管理）　F. 休闲服务与管理
G. 会展策划与管理（会展服务与管理）　H. 旅游外语
I. 中餐烹饪　J. 西餐烹饪　K. 其他________

9. 2020年招生人数最少的专业为________。

A. 酒店管理（酒店服务与管理）　B. 旅游管理（旅游服务与管理）
C. 导游（导游服务）　D. 旅行社经营管理

E. 景区开发与管理（景区服务与管理） F. 休闲服务与管理

G. 会展策划与管理（会展服务与管理） H. 旅游外语

I. 中餐烹饪 J. 西餐烹饪 K. 其他________

10. 2020 年就业率最高的专业是________。

A. 酒店管理（酒店服务与管理） B. 旅游管理（旅游服务与管理）

C. 导游（导游服务） D. 旅行社经营管理

E. 景区开发与管理（景区服务与管理） F. 休闲服务与管理

G. 会展策划与管理（会展服务与管理） H. 旅游外语

I. 中餐烹饪 J. 西餐烹饪 K. 其他________

其就业率为________%，对口就业率为________%。

11. 2020 年就业率最低的专业是________。

A. 酒店管理（酒店服务与管理） B. 旅游管理（旅游服务与管理）

C. 导游（导游服务） D. 旅行社经营管理

E. 景区开发与管理（景区服务与管理） F. 休闲服务与管理

G. 会展策划与管理（会展服务与管理） H. 旅游外语

I. 中餐烹饪 J. 西餐烹饪 K. 其他________

其就业率为________%，对口就业率为________%。

12. 2020 年开设的旅游类新专业有（可多选）________。

A. 酒店管理（酒店服务与管理） B. 旅游管理（旅游服务与管理）

C. 导游（导游服务） D. 旅行社经营管理

E. 景区开发与管理（景区服务与管理） F. 休闲服务与管理

G. 会展策划与管理（会展服务与管理） H. 旅游外语

I. 中餐烹饪 J. 西餐烹饪 K. 其他________

2020 年停招的旅游类专业有（可多选）________。

A. 酒店管理（酒店服务与管理） B. 旅游管理（旅游服务与管理）

C. 导游（导游服务） D. 旅行社经营管理

E. 景区开发与管理（景区服务与管理） F. 休闲服务与管理

G. 会展策划与管理（会展服务与管理） H. 旅游外语

I. 中餐烹饪 J. 西餐烹饪 K. 其他________

13.2020 年贵校旅游类专业校内实训实习基地有________。

A. 5 个以下 B. 5～10 个 C. 10～20 个 D. 20 个及以上

14. 贵校旅游类专业中________专业为省级及以上示范（或品牌 / 优势 / 特色）专业（可多选）。

A. 酒店管理（酒店服务与管理）　B. 旅游管理（旅游服务与管理）

C. 导游（导游服务）　D. 旅行社经营管理

E. 景区开发与管理（景区服务与管理）　F. 休闲服务与管理

G. 会展策划与管理（会展服务与管理）　H. 旅游外语

I. 中餐烹饪　J. 西餐烹饪　K. 其他________

15. 贵校旅游类专业人才培养模式一般为________。

A. 2+1　B. 1+1+1　C. 2. 5+0. 5　D. 1. 5+1+0. 5

E. 其他________

16. 贵校是否有中外合作办学专业________。

A. 是________（填写中外合作办学专业）　B. 否

17. 贵校是否有境外留学生________。

A. 是________（填写招收境外留学生学专业）　B. 否

18. 贵校的职业技能等级证书“1+X”培训或鉴定考试的内容是否与所学专业知识相适应？________

A. 是　B. 否

19. 贵校目前试点的“1+X”证书中，您认为有多少证书的标准体现了新技术、新工艺、新规范？________

A. 全都体现　B. 大部分体现　C. 一半体现　D. 少部分体现

E. 全都没体现

20. 贵校试点的“1+X”证书中，有多少证书的标准内容已融入人才培养方案？________

A. 全部融入　B. 大部分融入　C. 一半融入　D. 少部分融入

E. 全都没融入

21. 您认为贵校“1+X”证书制度试点工作开展得是否顺利？________

A. 非常顺利　B. 比较顺利　C. 一般　D. 比较不顺利

E. 很不顺利

22. 您认为社会对现在的职业技能证或职业资格证书认可度如何？________

A. 非常认可　B. 一般认可　C. 非常少认可　D. 不认可

23. 您认为目前制约贵校“1+X”证书制度试点工作的主要原因是________（多

选题）。

A. 经费问题　　B. 师资问题

C. 学校机制问题　　D. 职业培训评价组织问题

E. 其他________

24. 贵校的社招学员主要来自________。

A. 企业　　B. 无业　　C. 失业　　D. 退役

E. 其他________

25. 贵校社招学员授课的主要地点或形式为________。

A. 学校面授　　B. 线上辅导　　C. 送教上门　　D. 在线课程

E. 混合教学

26. 您认为贵校针对社会学员的培养需要在哪些方面做出改善？（多选题）______

A. 师资力量　　B. 实训场地　　C. 课程开发　　D. 课程标准

E. 校企合作　　F. 教学评价　　G. 学习考核　　H. 学生管理

第二部分　校企合作情况

27. 贵校与企业合作的旅游类专业有（可多选）________。

A. 酒店管理（酒店服务与管理）　　B. 旅游管理（旅游服务与管理）

C. 导游（导游服务）　　D. 旅行社经营管理

E. 景区开发与管理（景区服务与管理）　　F. 休闲服务与管理

G. 会展策划与管理（会展服务与管理）　　H. 旅游外语

I. 中餐烹饪　　J. 西餐烹饪　　K. 其他________

28. 合作旅游企业的类型为（可多选）________。

A. 酒店　　B. 线下旅行社　　C. 线上旅行社　　D. 景区

E. 会展公司　　F. 餐饮公司　　H. 其他________

其中________类型的企业最多。

A. 酒店　　B. 线下旅行社　　C. 线上旅行社　　D. 景区

E. 会展公司　　F. 其他________

29. 贵校旅游类专业与企业合作的方式有（可多选）________。

A. 提供实习基地　　B. 师资或行业专家共享

C. 共同制订人才培养方案　　D. 共建实习基地

E. 订单培养学生　　F. 共同开发教材

G. 现代学徒制　　H. 其他________

30. 旅游类专业是否建立订单班？________

A. 有　　B. 无

如有，2019 年订单班的学生数量是________。

A. 30 人以下　　B. 30 ~ 50 人　　C. 50 ~ 100 人　　D. 100 人以上

订单班学生的留用率是________。

A. 20% 及以下　　B. 20% ~ 30%　　C. 30% ~ 40%　　D. 40% 以上

2020 年订单班学生人数最多的专业是________。

A. 酒店管理（酒店服务与管理）　　B. 旅游管理（旅游服务与管理）

C. 导游（导游服务）　　D. 旅行社经营管理

E. 景区开发与管理（景区服务与管理）　　F. 休闲服务与管理

G. 会展策划与管理（会展服务与管理）　　H. 旅游外语

I. 中餐烹饪　　J. 西餐烹饪　　K. 其他________

2020 年订单班学生的留用率最高的专业是________。

A. 酒店管理（酒店服务与管理）　　B. 旅游管理（旅游服务与管理）

C. 导游（导游服务）　　D. 旅行社经营管理

E. 景区开发与管理（景区服务与管理）　　F. 休闲服务与管理

G. 会展策划与管理（会展服务与管理）　　H. 旅游外语

I. 中餐烹饪　　J. 西餐烹饪　　K. 其他________

31. 校企合作的期限一般为________。

A. 1 年　　B. 2 ~ 3 年　　C. 3 ~ 5 年　　D. 5 年以上

32. 2019 年贵校旅游类专业校外实习基地有________。

A. 5 家以下 / 专业　　B. 5 ~ 10 家 / 专业　　C. 10 ~ 20 家 / 专业　　D. 10 家以上 / 专业

33. 合作企业顶岗实习的时间一般为（多选）________。

A. 三个月以下　　B. 三个月到半年　　C. 半年到一年　　D 一年及以上

第三部分　实习就业情况

34. 旅游类企业提供的招聘就业实习岗位有（可多选）________。

A. 一线业务岗　　B. 一线技术岗

C. 基层管理岗（储备）　　D. 基层技术骨干（储备）

E. 其他________

35. 哪类企业提供的实习岗位数量最多？________

A. 酒店　B. 线下旅行社　C. 线上旅行社　D. 景区

E. 会展公司　F. 餐饮公司　H. 其他

36. 贵校认为旅游企业招聘应届毕业生时以下能力的重要性是：

因素	非常重要（5分）	重要（4分）	一般重要（3分）	不重要（2分）	很不重要（1分）
工作经验					
吃苦耐劳					
管理水平					
专业知识					
学历层次					
服务意识					
性格特征					
思维与视野					
国际化水平					
职业道德					
外语能力					
忠诚度					

其他您认为重要的因素包括：__________。

37. 2020 年旅游类企业提供的实习薪酬一般为________。

A. 1000 ~ 1200 元 / 月　B. 1200 ~ 1500 元 / 月

C. 1500 ~ 1800 元 / 月　D. 1800 ~ 2000 元 / 月

E. 2000 元以上 / 月

38. 2020 年旅游类专业就业实习时限为________。

A. 三个月以下　B. 三个月到半年　C. 半年到一年　D. 一年

39. 2020 年招聘实习生最多的企业类型为________。

A. 酒店　B. 线下旅行社　C. 线上旅行社　D. 景区

E. 会展公司　F. 餐饮公司　H. 其他________

40. 2020 年贵校旅游类专业学生实习结束在实习单位的留用率为________。

A. 10% 及以下　B. 10% ~ 20%　C. 20% ~ 30%　D. 30% ~ 40%

E. 40% 以上

41. 贵校认为自己培养的学生与行业的匹配度为________。

A. 非常匹配　　B. 基本匹配

C. 不太匹配　　D. 已经尽力，但效果不理想

E. 不清楚

42. 贵校在旅游类专业校企合作、学生实习就业方面采取了哪些措施?

附录 3　被调研职业院校和企业名单

被调研职业院校名单

序号	高职院校	序号	高职院校
1	南京旅游职业学院	2	无锡城市职业技术学院
3	江苏经贸职业技术学院	4	盐城工业职业学院
5	南通职业大学	6	江苏海事职业技术学院
7	南京工业职业技术学院	8	南京城市职业学院
9	苏州经贸职业技术学院	10	苏州工业职业技术学院
11	苏州农业职业技术学院	12	苏州市职业大学
13	江苏商贸职业学院	14	江苏农牧科技职业学院
15	扬州高等职业技术学校	16	南京江宁高等职业技术学校
17	江苏省宿迁经贸高等职业技术学校	18	镇江高等职业技术学校
19	浙江旅游职业学院	20	金华职业技术学院
21	温州职业技术学院	22	宁波城市职业技术学院
23	嘉兴职业技术学院	24	浙江商业职业技术学院
25	上海旅游高等专科学校	26	上海农林职业技术学院
27	上海工商职业技术学院	28	上海立达职业技术学院
29	安徽商贸职业技术学院	30	安徽经济管理干部学院
31	青岛酒店管理职业技术学院	32	山东理工职业学院
33	日照职业技术学院	34	山东女子学院
35	潍坊职业学院	36	烟台职业学院
37	山东经贸职业学院	38	济南职业学院
39	山东青年政治学院	40	山东现代学院

续表

序号	高职院校	序号	高职院校
41	山东旅游职业学院	42	太原旅游职业学院
43	山西旅游职业学院	44	河北旅游职业学院
45	广东农工商职业学院	46	广西经贸职业技术学院
47	顺德职业技术学院	48	广东轻工职业技术学院
49	深圳职业技术学院	50	广东酒店管理职业技术学院
51	广州城建职业学院	52	深圳技师学院
53	广西财经学院	54	广西机电职业技术学院
55	广西国际商务职业技术学院	56	柳州铁道职业技术学院
57	柳州城市职业学院	58	桂林航天工业学院
59	桂林山水职业学院	60	广西现代职业技术学院
61	广西商业技师学院	62	广西职业技术学院
63	海南职业技术学院	64	三亚理工职业学院
65	海南工商职业学院	66	海南经贸职业技术学院
67	海南外国语职业技术学院	68	湖北三峡旅游职业技术学院
69	武汉商学院	70	武汉交通职业学院
71	武汉工商学院	72	郑州旅游职业学院
73	新乡职业技术学院	74	南阳职业学院
75	江西旅游商贸职业学院	76	九江职业大学
77	江西电力职业技术学院	78	景德镇学院
79	江西工业职业技术学院	80	江西科技职业学院
81	长沙职业技术学院	82	湖南现代物流职业技术学院
83	重庆旅游职业学院	84	重庆三峡职业学院
85	重庆城市职业学院	86	重庆航天职业技术学院
87	四川旅游学院	88	四川城市职业学院
89	四川工程职业技术学院	90	黑龙江旅游职业技术学院
91	辽宁经济职业技术学院	92	宁夏工商职业技术学院
93	宁夏职业技术学院	94	陕西青年职业学院
95	陕西职业技术学院	96	陕西国际商贸学院

续表

序号	高职院校	序号	高职院校
97	甘肃工业职业技术学院	98	酒泉职业技术学院
99	贵州交通职业技术学院	100	贵州城市职业学院
101	黔南民族职业技术学院	102	铜仁职业技术学院
103	贵州航天职业技术学院	104	云南旅游职业学院

序号	中职院校	序号	中职院校
1	北仑职业高级中学	2	金华实验中学
3	杭州市中等职业学校	4	杭州市旅游职业学校
5	宁波行知中等职业学校	6	连云港中等专业学校
7	江苏省连云港中等专业学校	8	涟水中等专业学校
9	张家港第二职业高级中学	10	南京中华中等专业学校
11	江苏省灌云中等专业学校	12	莫愁中等专业学校
13	镇江市旅游学校	14	徐州市张集中等专业学校
15	张家港第二职业高级中学	16	上海市南湖职业学校
17	上海市商贸旅游学校	18	上海市现代职业技术学校
19	宁夏旅游学校	20	中卫市职业技术学校
21	隆德县职业中学	22	桂林市旅游职业中等专业学校
23	广东省旅游职业技术学校	24	青岛旅游学校
25	山东省潍坊商业学校	26	海南省海口旅游职业学校
27	海南省旅游学校		

被调研企业名单

序号	企业名称	序号	企业名称
1	安吉天使小镇乐园有限公司	2	安吉 Club Med 度假村
3	安顺利云峰八寨文化旅游区	4	北京峰会策划公司

续表

序号	企业名称	序号	企业名称
5	北京国贸大酒店	6	北京瑞吉酒店
7	北京天宇国际会展服务有限公司	8	北京新国贸大酒店
9	北京新世纪日航酒店	10	北京行宫国际酒店
11	常州华怡名都大酒店	12	常州凯纳豪生大酒店
13	常州恐龙园股份有限公司	14	常州嬉戏谷有限公司
15	常州中航酒店	16	常州东方盐湖城旅游发展有限公司
17	长白山柏悦酒店	18	长白山景区
19	长春北湖国家湿地公园	20	长春高新益田福朋喜来登酒店
21	长春喜来登酒店	22	长春香格里拉酒店
23	长沙富力万达文化酒店	24	长沙君悦酒店
25	长沙现代凯莱大酒店	26	长沙延年颐景酒店
27	长沙运达喜来登酒店	28	成都读行学堂研学旅游服务公司
29	成都第三极旅行社有限公司	30	成都华蓉会展服务有限公司
31	成都立嘉会展公司	32	成都传媒集团
33	成都赛思德沃文化传播有限公司	34	成都思麦文化传播有限公司
35	成都世纪城假日酒店	36	大连豪生酒店
37	大连金石滩鲁能希尔顿度假酒店	38	大连凯宾斯基酒店
39	大连圣亚海洋世界	40	大连西郊国家森林公园
41	大连远洋洲际酒店	42	东湖生态旅游景区
43	东阳市假日旅游有限公司	44	丹东凤凰山国家风景名胜区
45	甘肃康辉国际旅行社	46	广东鸿威国际会展集团有限公司
47	福州泰禾凯宾斯基酒店	48	广州巴斯特会展有限公司
49	广州白天鹅宾馆	50	广州白云国际会议中心
51	广州白云山景区	52	广州方行教育国际旅行社有限公司
53	广州花园酒店	54	广州友好旅行社有限公司
55	贵阳万丽酒店	56	贵阳新世界酒店
57	贵阳中天凯悦酒店	58	贵州康辉国际旅行社
59	桂林康辉国际旅行社	60	桂林漓江景区

续表

序号	企业名称	序号	企业名称
61	桂林海纳国旅旅行社有限公司	62	桂林虹桥国际旅行社凤北路营业部
63	桂林旅游股份有限公司	64	桂林市易游国际旅行社有限责任公司
65	桂林阳朔闲云居民宿	66	阳朔居山民宿
67	哈尔滨大喜旅行社	68	哈尔滨东北风国际旅行社有限公司
69	哈尔滨君逸酒店	70	哈尔滨领航国旅
71	杭州宋城景区	72	杭州望湖宾馆有限责任公司
73	杭州西溪湿地旅游发展有限公司	74	杭州天元大厦
75	杭州望湖宾馆	76	杭州维景国际大酒店
77	杭州西湖云舍民宿	78	杭州开元名都大酒店
79	杭州千岛湖绿城度假酒店	80	杭州淘行知研学教育科技有限公司
81	杭州一鹿游研学文化发展有限公司	82	杭州亚朵 S 网易严选酒店
83	黑龙江太阳岛花园酒店	84	黑河市山口湖旅游景区
85	黑龙江鹤岗矿业集团有限责任公司宾馆	86	黑龙江春秋国际旅行社有限公司
87	黄山市古徽州文化旅游区	88	华航国旅
89	华时新天	90	吉林市东北假日旅行社有限公司
91	吉林市三宝旅行社有限公司	92	吉林市三好旅行社有限公司
93	济南索菲特银座大饭店	94	济南华能大厦
95	济南汝能贵和洲际酒店	96	江南贡院
97	江苏省中旅旅行社有限公司	98	江苏舜天海外旅游有限公司
99	江苏苏宁环球套房饭店有限公司	100	江苏天目湖旅游股份有限公司
101	江苏议事园	102	江苏西康宾馆
103	江苏东郊国宾馆	104	江苏泰州天德湖宾馆有限公司
105	江苏新好游国际旅行社有限公司	106	锦江南京饭店
107	句容宝华山国家森林公园	108	句容碧桂园凤凰城酒店
109	句容锦隆国际酒店	110	句容茅山景区
111	昆明锦江大酒店	112	昆明洲际酒店
113	昆明中心皇冠假日酒店	114	昆明君乐酒店
115	兰州交通旅行社	116	兰州万达文华酒店

续表

序号	企业名称	序号	企业名称
117	兰州饭店	118	兰州九天旅行社有限公司
119	兰州丝路国际旅行社有限公司	120	兰州兴隆山景区
121	丽江市东巴谷旅游景区	122	莫干兰宿度假酒店
123	莫干山裸心谷奢华度假区	124	莫干山大乐之野民宿
125	南昌红牛君庭酒店	126	南昌绿地华邑酒店
127	南昌香格里拉大酒店	128	南昌锦峰大酒店
129	南京侯冲旅游发展有限公司	130	南京涵碧楼酒店
131	南京湖滨金陵饭店	132	南京金奥费尔蒙酒店
133	南京金陵江滨酒店	134	南京金丝利喜来登酒店
135	南京锦绣江南旅游有限公司	136	南京朗昇希尔顿酒店
137	南京禄口机场铂尔曼大酒店	138	南京南大国际会议中心
139	南京市中山陵园管理局	140	南京汤山温泉房车营地
141	南京香格里拉酒店	142	南京御冠酒店
143	南京夫子庙展览馆	144	南京古南都饭店
145	南京汤山美泉沐浴文化主题民宿	146	南京玄武湖假日酒店
147	南京银杏湖农业观光休闲有限公司	148	南京中海旅行社
149	南京仁恒辉盛阁国际公寓	150	南京上秦淮假日酒店
151	南京世茂滨江希尔顿酒店	152	南京市中国旅行社有限公司
153	南京苏宁钟山高尔夫酒店	154	南京斯图加特联合展览有限公司
155	南京状元楼酒店	156	南京中山陵园管理局导游服务中心
157	南京中北友好国际旅行社有限公司	158	宁波南苑饭店
159	宁波君亭酒店	160	宁波方特乐园
161	宁波东钱湖雷迪森度假酒店	162	宁波东钱湖希尔顿酒店
163	宁波开元曼居酒店	164	宁波开元名都大酒店
165	宁夏逸飞旅行社	166	宁夏光大旅行社
167	宁夏横城休闲度假区	168	宁夏交通旅行社
169	宁夏中国旅行社有限公司	170	宁夏中汇时代国际会展有限公司
171	宁夏六盘山旅行社	172	宁夏中卫西坡民宿

续表

序号	企业名称	序号	企业名称
173	宁夏万象旅行社有限公司	174	内蒙古源源国际酒店有限责任公司
175	内蒙古玖苑国际饭店	176	内蒙古中国旅行社
177	启程旅游网	178	青岛东方影都融创皇冠假日酒店
179	青岛涵碧楼酒店	180	青岛威斯汀酒店
181	青岛中心假日酒店	182	青岛新希望诺富特酒店
183	青岛亚朵酒店奥帆五四广场店	184	青岛李沧绿城喜来登酒店
185	青岛心翔研学旅行有限公司	186	青岛中国旅行社
187	青海宾馆	188	容县容州国际大酒店
189	三门峡风光旅行社有限责任公司	190	三门峡黄河旅行社有险责任公司
191	海南省中国国际旅行社	192	三亚亚特兰蒂斯酒店
193	三亚亚龙湾万豪酒店	194	三亚丽思卡尔顿酒店
195	三亚瑞吉酒店	196	三亚希尔顿酒店
197	三亚香格里拉酒店	198	山东华夏城旅游景区
199	山东舜和国际酒店	200	山西省中国国际旅行社
201	陕西世纪金源大饭店	202	山西太原晋祠
203	陕西职工国际旅行社	204	汕头金海湾大酒店
205	上海宝丽嘉酒店	206	上海宝华万豪酒店
207	上海复旦皇冠假日酒店	208	上海华夏旅游有限公司
209	上海金桥中心智选假日酒店	210	上海金威万豪酒店
211	上海桔子精选酒店	212	上海丽晟假日酒店
213	上海浦东丽思卡尔顿酒店	214	上海浦东文化东方酒店
215	上海华尔道夫酒店	216	上海 JW 万豪酒店
217	上海柏悦酒店	218	上海趣游国际旅行社有限公司
219	上海佘山旅行社有限公司	220	上海舜地三和园酒店
221	上海斯格威铂尔曼大酒店	222	上海外滩半岛酒店
223	上海外滩华尔道夫酒店	224	上海外滩茂悦大酒店
225	上海外滩英迪格酒店	226	上海西郊宾馆
227	上海新诸绿地铂骊酒店管理	228	上海扬子江万丽大酒店

续表

序号	企业名称	序号	企业名称
229	上海深坑洲际酒店	230	上海海昌极地海洋世界有限公司
231	上海欢乐谷	232	上海睿虎餐饮管理有限公司
233	上海新天地安达仕酒店	234	汕头龙光喜来登酒店
235	汕头裕通国际大酒店	236	深圳海外国际旅行社
237	深圳四季酒店	238	深圳富苑皇冠假日套房酒店
239	深圳华侨城洲际大酒店	240	深圳美程国际会展服务有限公司
241	深圳安朴酒店	242	深圳凯宾斯基酒店
243	深圳麒麟山庄	244	深圳蜜蜂研学教育科技有限公司
245	深圳东方银座雅高美爵酒店	246	沈阳艾美酒店
247	沈阳方特欢乐世界	248	沈阳和颐酒店
249	沈阳华润君悦酒店	250	沈阳岷山饭店
251	石家庄富力洲际酒店	252	石家庄中茂海悦酒店
253	石嘴山市沙湖旅游景区	254	四川绵阳假日国际旅行社
255	四川省中国青年旅行社亚太分社	256	四川玉屏辉煌国际旅行社
257	苏州金鸡湖大酒店有限公司	258	苏州艾美酒店
259	苏州福朋喜来登酒店	260	苏州皇家金煦酒店
261	苏州金鸡湖大酒店	262	苏州书香酒店集团
263	苏州中茵皇冠假日酒店	264	苏州乐园发展有限公司
265	苏州洲际酒店	266	苏州金鸡湖凯宾斯基酒店
267	苏州日航酒店	268	苏州万豪酒店
269	苏州温德姆花园酒店	270	苏州香格里拉大酒店
271	苏州源宿酒店	272	苏州 W 酒店
273	苏州同程网络科技股份有限公司	274	泰州市溱湖景区旅游发展有限公司
275	泰州日航酒店	276	天津海滨旅游度假区
277	天津海河悦榕庄	278	天津利顺德大酒店
279	天津瑞湾开元大酒店	280	天津泰达国际会馆
281	天津滨海假日酒店	282	天津泛太平洋大酒店
283	芜湖方特旅游度假区	284	芜湖侨鸿皇冠假日酒店

续表

序号	企业名称	序号	企业名称
285	芜湖华邑酒店	286	芜湖苏宁环球大酒店
287	芜湖新百金陵大酒店	288	无锡湖滨饭店
289	无锡凯莱大饭店	290	无锡凯悦酒店
291	无锡灵山元一希尔顿逸林酒店	292	无锡市君来洲际酒店
293	无锡市灵山景区	294	无锡希尔顿逸林酒店
295	无锡山明水秀大酒店	296	无锡亚马逊餐饮管理有限公司
297	武威市文庙景区	298	武汉东湖宾馆
299	武汉康辉旅行社	300	武汉光谷凯悦酒店
301	武汉华科大希尔顿欢朋酒店	302	武汉会议中心
303	武汉万达瑞华酒店	304	武汉欢乐谷
305	武汉振业国际酒店	306	西安大唐不夜城景区
307	西安君悦酒店	308	西安芙蓉阁酒店
309	西安光大国际旅行社	310	西安黄河旅行社有限责任公司
311	西安凯莱酒店	312	西安喜来登大酒店
313	西安大雁塔假日酒店	314	西安新浪潮旅行社有限责任公司
315	西安中旅国际旅行社有限公司	316	西安索菲特人民大厦
317	西安国际会议中心	318	西宁新华联索菲特大酒店
319	厦门乐之研学旅游有限公司	320	厦门国际悦海湾酒店
321	厦门凯宾斯基酒店	322	厦门磐基希尔顿酒店
323	厦门香格里拉大酒店	324	厦门国际旅行社
325	徐州凯悦大酒店	326	徐州开元名都大酒店
327	徐州云龙湖景区	328	徐州市博物馆
329	盐城大纵湖旅游景区	330	盐城九龙口风景区
331	阳朔 101 民族酒店	332	阳朔画中游酒店管理有限公司
333	阳朔唐人街酒店	334	新明仕旅游发展有限公司
335	银川国际交流中心	336	银川凯悦嘉轩嘉寓酒店
337	银川国贸中心假日酒店	338	银川西府井饭店有限公司
339	银川立达深航国际酒店	340	银川万达嘉华酒店

续表

序号	企业名称	序号	企业名称
341	银川西府井饭店	342	银川中青旅
343	云南世界园艺博览园	344	张掖国家湿地公园
345	张掖市大湖湾景区	346	镇江茅山风景区
347	浙江横店影视城有限公司	348	浙江金马饭店有限公司
349	浙江义乌香格里拉酒店	350	浙商开元名都酒店
351	镇江富力喜来登酒店	352	镇江名都大饭店
353	镇江南山风景名胜区	354	镇江宝华山国家森林公园
355	郑州艾美酒店	356	郑州黄河名胜风景区
357	郑州绿博园管理中心	358	郑州建国饭店
359	郑州绿地 JW 万豪酒店	360	中国妇女活动中心好苑建国酒店
361	中国国旅（江苏）国际旅行社	362	康辉南京国际旅行社有限责任公司
363	中海凯骊酒店	364	中青旅江苏国际旅行社有限公司
365	中山艾美酒店	366	中卫市沙坡头旅游景区
367	中原旅行社有限公司	368	重庆海外旅游有限公司
369	舟山港客旅行社有限公司	370	舟山市普陀康辉旅行社有限公司
371	中国大饭店	372	中国国旅（山东）国际旅行社
373	中央饭店	374	珠海澳亚旅游有限公司
375	珠海春秋旅行社有限公司	376	珠海银都酒店
377	珠海市友联国际旅行社有限公司		

附录 4　旅游企业人力资源负责人访谈提纲及访谈企业名单

旅游企业人力资源负责人访谈提纲：

1. 贵企业目前的员工数量是多少？学历构成是怎样？

2. 疫情后贵企业何时恢复正常营业？

3. 疫情后员工的工资是如何发放的？

4. 贵企业今年是否有实习生或毕业生的需求？如果有，哪些岗位有需求？

5. 疫情对贵企业的人力资源管理带来哪些挑战？

6. 信息技术发展对贵企业有没有影响？如果有，主要体现在哪些方面？

7. 贵企业认为招聘的实习生和毕业生存在哪些不足？针对实习生和毕业生有哪些具体的培训方案？

8. 贵企业 2020 年的员工流失率是多少？员工流失的主要原因是什么？

9. 贵企业对国家关于促进产教融合的相关政策是否有了解？如果有，您了解到哪些政策？

10. 贵企业对职业院校人才培养有什么建议？

访谈企业名单：

1. 南京金陵饭店

2. 科举博物馆

3. 莫干山裸心谷度假村

4. 莫干山大乐之野民宿

5. 北京中国大饭店

6. 上海宝华万豪酒店

7. 南京丽思 · 卡尔顿酒店

8. 华住酒店集团

9. 成都西行驿站文化传播有限公司
10. 宁夏中国旅行社有限公司
11. 宁夏贺兰山国家森林公园有限公司
12. 广州长隆欢乐世界
13. 广州白天鹅宾馆
14. 无锡拈花湾禅意小镇
15. 中国国旅（江苏）旅行社有限公司
16. 南京中北友好国际旅行社有限公司
17. 博而达研学旅行有限公司
18. 携程旅游学院
19. 上海浦东文华东方酒店
20. 常州龙控集团
21. 南京浦口星甸社区全域旅游示范点
22. 无锡灵山景区

附录 5　应用 Matlab 实现 GM（1，1）模型预测

代码用例为星级酒店数据。

```
clear
X0=[1580963     1542751     1590590     1502496     1361869
1344503     1196564     1124641 1025435     1061600];
X1=cumsum(X0);
for k=2:length(X0)
    z(k)=(1/2)*(X1(k)+X1(k-1));
end
B=[(-z(2:end))' ones(length(z)-1,1)];
Y=(X0(2:end))';
bata=inv(B'*B)*B'*Y;
a=bata(1);
b=bata(2);
c=b/a;
d=X1(1)-c;
X2(1)=X1(1);
for m=1:length(X0)-1
    X2(m+1)=(X0(1)-b/a)*exp(-a*m)+b/a;
end
X3(1)=X2(1);
for m=1:length(X0)-1
    X3(m+1)=X2(m+1)-X2(m);
end
```

```
Delta0=X0-X3;
Phi=Delta0./X0;
eta=(min(Delta0)+0.5*max(Delta0))./(Delta0+0.5*max(Delta0));
r=mean(eta);
mX0=mean(X0);
sX0=std(X0);
mDelta0=mean(Delta0);
sDelta0=std(Delta0);
C=sDelta0/sX0
S0=0.6745*sX0;
e=abs(Delta0-mDelta0);
p=length(find(e<S0))/length(e)
k=length(X0):length(X0)+4;
X2(k+1)=(X0(1)-b/a)*exp(-a*k)+b/a;
X3(k+1)=X2(k+1)-X2(k)
```

附录6　应用Matlab实现Elman神经网络模型训练与预测

本代码分为两部分：模型的实现与训练、利用新数据与预测

代码用例为住宿业模型，星级酒店、旅行社的代码写法和本例相似，这里不再重复赘述。

Elman神经网络模型训练代码：

```
close all
clear,clc

load zsy
mi=min(hoteldata);
ma=max(hoteldata);
hoteldata=(hoteldata-mi)/(ma-mi);
traindata = hoteldata(1:15);
P=[];
for i=1:10
    P=[P;traindata(i:i+4)];
end
P=P';
T=[traindata(6:15)];
threshold=[0 1;0 1;0 1;0 1;0 1];
net=elmannet;
net.trainParam.epochs=2000;
net=init(net);
net=train(net,P,T);
```

```
save zsy_net net
y=sim(net,P);
error=y-T;
mse1=mse(error);
T = T*(ma-mi) + mi;
y = y*(ma-mi) + mi;
figure(1)
plot(2009:2018,T,'b+',2009:2018,y,'r.');
title(' 使用原始数据测试 ');
legend(' 真实值 ',' 测试结果 ');
xlabel(' 年份 '),ylabel(' 就业人数 ');
figure(2)
plot(2009:2018,T-y,'b*');
title(' 训练数据测试结果的残差 ');
fprintf(' 均方差 =\n    %f\n',mse1);
disp(' 相对误差： ');
fprintf('%f ',(T-y)./y);
fprintf('\n');
y
```

使用训练好的模型与预测代码

```
close all
clear,clc
load zsy_net
load zsy
mi=min(hoteldata);
ma=max(hoteldata);
testdata = hoteldata(1:17);
testdata=(testdata-mi)/(ma-mi);
Pt=[];
```

```
for i=1:13
   Pt=[Pt;testdata(i:i+4)];
end
Pt=Pt';
Yt=sim(net,Pt);
YYt=Yt*(ma-mi)+mi;
YYt
```